迷悟之间

EX LIBRIS

悟在当下

迷悟之间

星云大师

善行

人生规划

中华书局

图书在版编目(CIP)数据

善行:人生规划/星云大师著.—北京:中华书局,2014.11
(2015.6 重印)
(迷悟之间)
ISBN 978 – 7 – 101 – 10241 – 3

Ⅰ.善… Ⅱ.星… Ⅲ.佛教 – 人生哲学 – 通俗读物
Ⅳ.B948 – 49

中国版本图书馆 CIP 数据核字(2014)第 141884 号

本书由上海大觉文化传播有限公司独家授权出版中文简体字版

书　　名	善行:人生规划
著　　者	星云大师
丛 书 名	迷悟之间
责任编辑	焦雅君
出版发行	中华书局
	(北京市丰台区太平桥西里 38 号　100073)
	http://www.zhbc.com.cn
	E-mail·zhbc@zhbc.com.cn
印　　刷	北京瑞古冠中印刷厂
版　　次	2014 年 11 月北京第 1 版
	2015 年 6 月北京第 2 次印刷
规　　格	开本/889×1194 毫米　1/32
	印张 7⅜　插页 8　字数 80 千字
印　　数	6001 – 9000 册
国际书号	ISBN 978 – 7 – 101 – 10241 – 3
定　　价	37.00 元

星云

迷悟一念之间

从二○○○年四月一日开始，我每日提供一篇"迷悟之间"的短文给《人间福报》，写了近四年，共一一二四篇。于二○○四年七月结集编成十二本书，由台湾的香海文化出版。

此套书截至目前发行量已近两百万册。曾持续被《亚洲周刊》、金石堂、诚品等书局列入畅销书排行榜，三十一位高中校长联合推荐，以及许多读书会以此书作为研读讨论的教材，不少学生也因看了《迷悟之间》而提升了写作能力等等。

由于此套书具有人间性和普遍性，深受海内外人士的喜爱，除了中文版，其他国家语言的版本有：英文、西班牙文、韩文、日文……全球各种译本的发行量突破了五十万册。尤其难得的是，大陆"百年老店"中华书局也要在二○一○年五月出版中文简体版，乐见此套书能在大陆发行。

曾有几位作家疑惑地问我："每日一篇的专栏，要持续三四年，实非易事！你又云水行脚，法务倥偬，是怎么做到的呢？"

回顾这些年写《迷悟之间》的情形，确实，我一年到头在四处弘法，极少有完整的、特定的写作时间。有时利用会议或活动前的少许空当，完成一两篇；有时在跑香、行进间，思绪随着脚步不停地流动；长途旅行时，飞机舱、车厢里，更常是我思考、写作的好场所。

每天见报，是一种不可推卸的责任；读者的期待，则是不忍辜负的使命。虽然不见得如陆机的《文赋》所言："思风发于胸臆，言泉流于唇齿"，但因平时养成读书、思考的习惯，加上心中恒存对国家社会、宇宙人生、自然生命、生活现象、人事问题等等的留意与关怀，所以，写这些文章并不是太困难的事。倒是篇数写多了，想"题目"成了最让我费心的！因此，每当集会、闲谈时，我就请弟子们或学生们脑力激荡，提出各种题目。只要题目有了，我稍作思考，往往只要三五分钟，顶多二十分钟，就能完成一篇或讲理述事、或谈事论理的文章。

犹记当初为此专栏定名时，第一个想到的名称是"正邪之间"，继而一想，"正邪"二字，无论是文字或意涵，都嫌极端与偏颇，实在不符合佛教的中道精神，遂改为"迷悟之间"。我们一生当中，谁不曾迷？谁不曾悟？迷惑时，无明生起，烦恼痛苦；觉悟后，心开意解，欢喜自在。

其实，迷悟只在一念之间！一念迷，愁云惨雾；一念悟，慧日高悬。正如经云："烦恼即菩提，菩提即烦恼！"菠萝、葡萄的酸涩，经由阳光的照射、和风的吹拂，酸涩就可以成为甜蜜的滋味。所以，能把迷的酸涩，经过一些自我的省思、观照，当下就是悟的甜蜜了。

曾经有些读者因为看了《迷悟之间》而戒掉嚼槟榔、赌博、酗酒的坏习惯；也有人因读了《迷悟之间》而心性变柔软，能体贴他人，或改善家庭生活品质，甚至有人因而打消自杀的念头……凡此，都是令人欣慰的回响。

《六祖坛经》里写道："不悟，佛是众生；一念转悟，众生是佛。"迷与悟，常常只在一念之间！祈愿这一千余篇的短文，能轻轻点拨每个人本自具足的清净佛性，让阅读者皆能转迷为悟、转苦为乐、转凡为圣。

星云

二〇一〇年二月
于佛光山法堂

星云大师传略 ·················

　　星云大师，江苏江都人，一九二七年生，为禅门临济宗第四十八代传人。十二岁于宜兴大觉寺礼志开上人出家，一九四九年赴台，一九六七年开创佛光山，以弘扬"人间佛教"为宗风，树立"以文化弘扬佛法，以教育培养人才，以慈善福利社会，以共修净化人心"之宗旨，致力推动佛教文化、教育、慈善、弘法等事业。

　　在出家一甲子以上的岁月里，大师陆续于世界各地创建二百余所道场，并创办十八所美术馆、二十六所图书馆、四家出版社、十二所书局、五十余所中华学校、十六所佛教丛林学院，以及智光商工、普门高中、均头中小学等。此外，先后在美国、中国台湾、澳洲创办西来、佛光、南华及南天（筹办中）四所大学。二〇〇六年西来大学正式成为美国大学西区联盟（WASC）会员，为美国首座由华人创办并获得该项荣誉之大学。

　　一九七七年成立"佛光大藏经编修委员会"，编纂《佛光大藏经》、《佛光大辞典》。一九九七年出版《中国佛教白话经典宝藏》，一九九八年创立人间卫视，二〇〇〇年创办佛教第一份日报《人间福报》，二〇〇一年将发行二十余年的《普门》杂志转型为《普门学报》论文双月刊，同时成立"法藏文库"，收录海峡两岸有关佛学的硕、博士论文及世界各地汉文论文，辑成《中国佛教学术论典》、《中国佛教文化论丛》各一百册等。

大师著作等身，总计二千万言，并翻译成英、日、西、葡等十余种文字，流通世界各地。于大陆出版的有《佛光菜根谭》、《释迦牟尼佛传》、《佛学教科书》、《往事百语》、《金刚经讲话》、《六祖坛经讲话》、《人间佛教系列》、《星云大师人生修炼丛书》、《另类的财富》等五十余种。

大师教化宏广，计有来自世界各地之出家弟子千余人，全球信众则达数百万之多；一生弘扬人间佛教，倡导"地球人"思想，对"欢喜与融和、同体与共生、尊重与包容、平等与和平、自然与生命、圆满与自在、公是公非、发心与发展、自觉与行佛"等理念多所发扬。一九九一年成立国际佛光会，被推为世界总会会长；于五大洲成立一百七十余个国家地区协会，成为全球华人最人的社团，实践"佛光普照三千界，法水长流五大洲"的理想。二〇〇三年通过联合国审查肯定，正式加入"联合国非政府组织"(NGO)。

大师自一九八九年访问大陆后，便一直心系祖国的统一。近年回宜兴复兴祖庭大觉寺，并捐建扬州鉴真图书馆、接受苏州寒山寺的赠钟，期能促进祖国统一，带动世界和平。

大师对佛教制度化、现代化、人间化、国际化的发展，可说厥功至伟!

目　录

上班以前

世界上每一个国家的上班族，总占人口一半以上的比例，所以上班族的人生就显得格外要人关心。

上班以后，士、农、工、商各个团体都有公司的规范与要求，此处姑且不论，只说上班以前，假如是早晨九点上班，那么应该在上班之前两小时起床。起床到上班之间的两个小时怎么过呢？兹将其分配如下：

一、二十分钟盥洗

用二十分钟盥洗，在盥洗的时候，因习惯性动作，不必用头脑思考，所以可以在二十分钟的时间内，想一想今天应做之事的重点、人我关系的应酬等等，以防忘了约会，导致招人怨怪。

二、十分钟早课

盥洗之后，可在佛前清香一炷，或者鲜花一朵，或是供水一杯；上香、供花、供水任选一项即可，不必周全。然后讽诵《般若心经》一卷，或者《佛光祈愿文》一篇，或禅坐五分钟，或者称诵"十念法"，或者"佛光三昧修行法"十二拜。

三、十分钟运动

可在家中定位跑步，或在庭院行走，或在门口做晨操、罗汉操、达摩十二式，采取任何一种皆可。

四、三十分钟早餐

早餐时，全家不要拖拖拉拉，同时各就本位坐下，如同家庭会议般，一边用餐，一边交代各种事务，或报告今日所做的事情，对家人说一些赞美感谢的语言。在吃饭时间，有人吃得慢，有人吃得快。总之，在吃饭之后，要以二十分钟为家庭服务，或整理房间、洒扫庭院，或收拾厨房。之后，整理自己外出所需用品，准备上班。

五、三十分钟交通时间

假如你上班的交通工具是火车、公车、捷运，可在车上阅读书报；如果是坐私家轿车，则可听收音机，以了解今日的重要新闻。如系骑脚踏车，要注意交通安全。不管乘坐任何交通工具，要在九点前两分钟到达上班地点，打卡签到后，以适当的礼貌向长官、同事打个招呼，问声好。

　　以上是上班以前的时间运用分配。在上班前两小时之内完成各项准备，除此之外，还要在精神上、服装上、气度上，都要做一个合乎上班形象的人，态度端庄、精神焕发、动止安详、从容不迫，要时时保持微笑，见人点头招呼。开始上班以后，认真投入，不需长官要求我做什么事，要养成工作者的习惯，主动、勤劳、明快、简洁，把工作规划得天衣无缝，随时报告主管，让主管用你一个人可以做几个人的事，让他欣赏你、感念你，你的未来才有前途。

琢磨琢磨

　　凡事都应该思前想后，左右考虑，这就是要我们"琢磨琢磨"。

　　一件事情，能不能做？可不可做？好不好做？要不要做？应该要"琢磨琢磨"。任何事情，要知道它正不正、善不善也都应该要"琢磨琢磨"！

　　说话，"琢磨琢磨"后再说，才不会得罪人；做事情，要"琢磨琢磨"，会不会讨人便宜；利益当前，要"琢磨琢磨"，会不会侵犯人家；荣誉临身，也要"琢磨琢磨"，堪不堪接受；投资也要"琢磨琢磨"，是否稳当；朋友论交，也要"琢磨琢磨"，看彼此是否真心真意。甚至结婚也要"琢磨琢磨"，是不是真的情投意合，甘愿奉献。

　　在社会上、家庭里，做人处事都应该多一些"琢磨琢磨"，例如开会发言，你先要"琢磨琢磨"，才不会信口开河，胡乱说话；写信、写文章都应该要"琢磨琢磨"，推敲斟酌后，才能有自他的尊重。现在的议案，都要"三读通过"才会立案，所以一切事情都要"琢磨琢磨"，以免疏漏或有不到之处。

所谓"琢磨琢磨"，不是指站在自己的立场讲话，而要顾念到别人的立场；也不只是站在私利上发言，而要站在公益上立论。一件事情，虽然有益于我，但于公无益，应该"琢磨琢磨"再三，不可为也；虽然无益于我，但与众有益，"琢磨琢磨"再三，应该尽力而为可也。

"琢磨琢磨"的意思，叫我们要周全，要四面俱到，要八面玲珑；不要说后悔的话，不要做后悔的事。例如读书，就必须再三地"琢磨琢磨"，才能知道书中的含义；听别人讲话，也要用心去"琢磨琢磨"，才能体会别人的意思。名闻利养的前面，我要"琢磨琢磨"；是非得失的时候，更要"琢磨琢磨"。太过冲动，太过率直，没有经过"琢磨琢磨"，总会有一些缺陷。

现在凡是什么事业，都要制定计划，甚至召开会议，主要的都是要"琢磨琢磨"；家庭的预算、事业上的发展，五年计划、十年计划，如果你不三番五次地"琢磨琢磨"，很容易出现缺陷疏漏，不容易周全。

所谓琢磨者，就是思前顾后，因为这一个世界不是我个人的，话一出口就与人有关系，事一出手就与人有交道；我与无量相、无尽事物不能融和，再不"琢磨琢磨"，怎能相互融摄呢？个人等于大海一滴，你这一滴跟大海之水不能融和，怎么能在无边的大海里生存呢？

所以，人生的各种关系，举凡我与国家、我与社会、我与朋友、我与家族、我与爱情、我与事业、我与工作、我与思想……都应该有密切的关系；如果不"琢磨琢磨"，让各种关系融洽、合和，怎么能够生存呢？

预算

　　一个国家有多大的力量，先了解他的预算存底有多少？预算充足，可以增加国防，可以加强教育，可以多兴社会福利，可以多建交通、海港，可以多投资公益，为民服务。甚至农工的改良，森林的保护等。因为有预算，就会把国家社会建设得更加美好！

　　一个事业，能否维持，也要看他的预算多少？每年的预算收支都有盈余，这个事业必定大有可为；如果这个事业每年都是透支赤字，这个事业已经亮起了红灯，前途必定艰难！

　　预算的多少，可以决定国家事业的成败，那我们个人也应该要来筹划自己的预算！

　　个人所拥有的财富预算，也不光只是金钱方面！你的聪明智慧拥有多少？你的人格道德拥有多少？你的朋友人缘拥有多少？你的名誉信用拥有多少？这些都和你的人生预算有关。

　　金钱上的财物不足，你其他方面都可以为你补充。就算你财物充足，假如你没有人缘、没有道德、没有信誉、没有智慧，在预算里面，收支必定还是不能平衡。

一般公司行号里，负责筹划预算的人，都必须注意收支相抵。如果你只是计划收入，这里几千，那里几万，你没有本金，可能会有收入吗？假如你一味地支出，这里要花费，那里要支出，你入不敷出，怎能合乎收支平衡的预算呢？

在预算里面，开源节流是一个增加经济效益的最好办法。在我们一期的人生里，奉献、服务，从公益中能收入多少，才能平衡自己的支出？有的人先讲究收入而酌量支出；有的人先尽量播种，希望他日收成会好！先收、先支、后支、后收，这就要看你的策划、预算本领的高低了！

语云："人算不如天算！"憨山大师也说："人从巧计夸伶俐，天自从容定主张；谄曲贪瞋堕地狱，公平正直即天堂。"个人的预算不要先从自己的利益着想，应该要以整个社会、大众、各种利益关系为前提，以此来定下自己人生的预算。所谓"厚道必不吃亏"，这是必然的因果道理啰！

拥有美德

　　人，要拥有的东西很多，例如拥有一个幸福的家庭，拥有一个相亲相爱的伴侣，拥有一份正当的职业，拥有一些银行存款，拥有一点社会声望，拥有一些互助的朋友，拥有对宗教虔诚的信仰。

　　除了以上这许多的拥有以外，拥有美德最为重要。什么是美德呢？诚实、信用、庄重、整洁、礼貌、守时、慈悲、正派、风趣、正义、慷慨、幽默、责任、良心。

　　在人的一生当中，不是靠外表的美丽，也不是靠衣着的讲究，或是善于言辞、长于辩论；甚至显赫的家世、长袖善舞、高官厚禄、交际应酬，也都不是美德。

　　美德是一种内涵，是一种人格的芬芳，是自然的气质所散发出来的一种高贵的品味，让人心怡，让人向往，让人赞美，让人崇敬，这才是拥有美德。

　　富有也不表示拥有美德，富而好礼才是美德；位高也不一定是美德，位高而自谦才是美德；有学识文才也不表示拥有美德，学而有教养才是拥有美德；有美丽风姿也不是拥有美德，要美而心好才是拥有美德。

拥有美德，不是自我认定、自我欣赏；美德是别人推崇、别人肯定，才是美德。

社会上有很多的人为国家尽忠、为父母尽孝，这是他的美德。有多少的人虽然贫穷，但他们对财富不动心；有多少人看似柔弱，但他们对于强势不惧怕，这就是美德。美德是人的形象，是日积月累而来；它像金字塔，非一朝三日可以建成。它要时日，历久弥新；它像陈年的佳酿，越久越香醇。

许多的富商巨贾，财大气粗，当然看不出他有美德；多少的高官要员，俗气十足，当然看不出他有美德。美德要在谦冲中养成，在忍耐中成长，美德，要像梅花经得起岁寒的磨炼，像松柏经得起岁月的熬煎，要让别人认为他是一个君子，是一个有道之士，他才算有美德。

人可以没有金钱，没有名位，没有显赫的家世，没有殷厚的背景，没有强亲贵族的支持。宁可没有显赫的朋友抬捧，但不能没有美德。有美德才有人缘，有美德才有名声，有美德必然会有好因好缘。所以，树立美德的形象，盍兴乎来？

磁场与能量

　　世间，每一个人不管贫富贵贱，各人都有各人的能量；宇宙中，日月星辰、大地山河，也都各有各的能量。生活中，例如现在的太阳能、水力发电、火力发电……。电就是能，"核能"尤其是目前举世争论不休的最大能量。

　　天地间，其实万事万物莫不蕴含着能量。一棵树、一朵花、一滴水，都有他们各自的能量；连废物都可以再利用。废物可以产生沼气，可以成为肥料，可以作为成就别人的助缘。可以说，世间万物，彼此都在提供能量给对方。

　　佛教说，众生皆有佛性，佛性就是能量。人都有成佛的性能，你能说没有能量吗？

　　可惜，现在的人大都忘失了自己本具的能量，反而向心外要求别的能量。甚至有人还创造现代的名词"磁场"，不但说某一个地方的磁场很强，就连一块石岩、一块木头、一块矿石，都有磁场，不少人以此广为招徕，图谋利益。

尤其，今日许多创造神秘的人，常常故弄玄虚，神龙活现地说，某某人士有磁场，某某大树有磁场，某某天珠有磁场；甚至某某人的眼睛、某某人的双手都有磁场。其实说穿了，钻木能取火、石头撞击可以冒出火花，就连衣服都有静电的现象，这本来是宇宙中很自然的能量，但经过有心人的"磁场"之说，便替它蒙上了一层神秘的面纱，也助长了民众的好奇心理。

其实，最大的磁场，最大的能量，都在自己的心里。人，实在是很可怜、很脆弱，自己不相信自己内心的佛性，不相信万物的能源；反而煞有介事地说，何地、何人、何物有磁场，让一些喜好神秘的人，追逐磁场，岂不愚痴！

艺术家能画出超人的绘画，厨师能做出特别的佳肴，甚至变魔术的魔术师，都各有一手巧妙不同的变法，这一切都有不同的本能，也可以说都有不同的磁场；磁场并非好奇才有，而是生活中随时随地唾手可得，何必一定要用"磁场"来渲染人间的神秘呢？

因此，希望对磁场、对世间神秘过分好奇的人上，能用平常心来看世间，免得被"磁场"所迷。

宏观与微观

　　胡忠信先生说："宏观是望远镜；微观是显微镜。"看世界不能没有宏观，当然必不能少了望远镜；看自己不能少了微观，当然也不能少了显微镜。

　　说到宏观与微观的关系，宏观才有远见，才能心胸扩大，才能有国际的认识；看得远、看得大、看得多，所谓"运筹帷幄之中，决胜千里之外"，这就是宏观。微观要认识自己、透视自己，自己有多大的能耐、有多少的能力、有什么缺点，有什么配合的因缘，能以一己之力结合社会大众的需要，这就是微观。

　　维摩居士的丈室虽小，它能容纳三万八千多座狮子座椅，能接待万千的菩萨罗汉，就等于佛陀看整个的三千大千世界如庵摩罗果，这就是宏观。诸葛亮在隆中的时候，刘玄德前去访顾请教，在《隆中对》中，诸葛亮道出三国分治的远景，这就是宏观。历代君主被小人包围，看不到国家的危之在即，就因为他没有显微镜。

　　在《孟子》里，有齐宣王不忍以牛衅钟而以羊换牛的故事，孟子问王曰："吾力足以举百钧，而不足以举一羽；明足以察秋毫之末，而不见舆薪，则王许之乎？"王曰："否。"孟子又曰："今恩足以及禽兽，而功不至于百姓者，独何与？然则一羽之不举，为不用力焉；舆薪之不见，为不用明焉；百姓之不见保，为不用恩焉。故王之不王，不为也，非不能也。"

　　宏观，人人应该有此能力，但人不为也；微观，挟泰山以超北海，是诚不能也。为长者折枝，是不为也，非不能也。这是齐宣王既没有宏观的望远镜，又没有微观的显微镜。

　　有人说，从一片云朵可以知道天气的变化；从一粒米可以看出农夫的汗水和辛苦；从一沙一石可以看出三千大千世界；从袈裟的一角可以看出佛像的金容慈悲；从树木花草的成长，可以见到大自然无限生命的机能。

　　所谓"见到一切诸法的成就，就能见到因缘"，这是微观；"见到缘起，就能见佛"，这是宏观。乃至"须弥纳芥子；芥子藏须弥"，就是宏观；"佛观一钵水，八万四千虫"，就是微观。

　　你既要明察秋毫，又要见舆薪，才具有宏观与微观啊！

低头

　　有一个人问一位哲学家："从地到天有多高？"哲学家回答："三尺高！""为什么这么低呢？我们人不都长得至少有四尺、五尺、六尺高吗？"哲学家回答："所以，你超过三尺高的人身，要在天地间立足，便要懂得低头！"

　　这段话实在深富人生哲理！古代的儒家，学子入学，先教你叩头拜师；佛教的信者，信佛要先礼拜。甚至朋友相交，也要点头敬礼。一个人如果不和人接触，随你长得有多高，随你如何昂昂乎不可一世；但是假如你要和人接触，你就必须要低头、谦卑。

　　低头的人，象征着有礼貌；低头的人，表示懂得谦虚。低头的人生，才能前进，才能无往不利；因为低头，才能和人接触。佛教的顶礼、礼拜，是和佛陀接心；晚辈在长者前面低头垂手，这就表示要长者的认可。

　　低头是礼貌，但是佛教有时候也不是完全要人低头，有时候昂首瞻仰，也是在行礼；甚至绕佛、绕塔，也是表示依恋，表示恭敬。因此，佛教认为该低头的时候低头，该抬头的时候抬头，该围绕的时候围绕，甚至心意观想，都视为是三业的恭敬修行。恭敬就是沟通，沟通的管道只要能表达心意的，只要对方肯得接受，就是相互尊重。

在佛教里，关于低头还有另外的解释，所谓"照顾脚下"，意指一个人做事要脚踏实地，一步一脚印，要把路走好。

照顾脚下，才有根本。人，为了安全，开车、走路，都要往地下看，而不会往天上看；一个人如果眼睛一直往上翻、朝上看，则必定会失败。

低头，是成熟，是美德。你看，古树结实，都是垂下地来；稻穗成熟，也都是低头的样子。低头是谦卑，低头的人生会受人欢迎，中外的伟人，有的可能是昂首阔步、抬头挺胸，但如果是圣贤，必然是低头的。所以我们宁可以低头，也不要昂首挺胸。

低头的人才有人缘。人缘是从低头中来；被人重视，也是从低头中来。能低头，必定会有扬眉吐气的一日；能低头，必定能有奋发有为的一天。各位读者们，你们有体会过低头的美妙和好处吗？

承先启后

　　每一个人都希望"承先启后"，能"承先启后"的人，必定能光宗耀祖，必定能继往开来。

　　所谓承先，在国家而言，对于唐尧、虞舜、文武、周公、孔孟的政治理念、道德根本，要真的能够接受；对于"路不拾遗、夜不闭户；人民亲其亲、幼其幼"如此一片祥和美好的政治蓝图，要能够继承流传，才谓之承先。

　　说到启后，要能把"科技的发达，医学的昌明，社会的保险制度，邻里的守望相助；官不扰民，没有刀枪战事，一片和平安乐的景象。"这种和平安定的理念，传之于后世，才谓之启后。

　　在家庭里，子孙对于先人的事业，自己要能一肩承担；对于后续的发扬，还要更加的努力。祖先对待员工的精神，凡所有的福利设施，以及所定的规章制度，是好的，都应该继续发扬。如果祖先遗留的产业值一亿、二亿，子孙应该再立五年、十年计划，要让它成长到十亿、八亿。如果所用的员工有二百人、三百人，不但自己要承先，更要增加到二千人、二千人，如此对家族才能"承先启后"。

尤其，对于先人的道德、奉献，更应该给予发扬光大，做自己后代子孙的模范。

政治上的人物，例如美国的民选总统，当选后的第一句话都是说：对于前总统在内政上所立的规章、在外交上对他国的约定，一概继承。接着再作自己的施政报告，说明自己计划如何建设国家的治国理念，这就是启后。

说到"承先启后"，最能说明的工作者就是现在的教师，他们从事的教育工作，就是"承先启后"；宗教家在社会上传教，他们也是在"承先启后"。如张载所说："为天地立心，为生民立命，为往圣继绝学，为万世开太平。"这就是"承先启后"的精神。

其实，不但人类要"承先启后"，即使是动物、植物，它们传宗接代时的种种辛苦，主要的也有"承先启后"的作为。例如飞燕懂得对子女的品种改良，加拿大的红蚂蚁懂得为未来的子孙储存粮食。所以，我们更应该要以"四维八德"作为"承先启后"，要为"三不朽"来"承先启后"，要为历史"承先启后"，尤其为了找到真如佛性，对于信仰的传承，更应该要"承先启后"。

学徒制

古人一生的事业，都是从学徒制开始；现在的人，一生的成就，都是从考试开始。

你看，古代的剃头、裁缝、厨师等各种手艺，无一不是从学徒开始。因为拜师学艺，学徒的制度都是靠老师对学生一对一的指导，每天耳提面命，自然有切身受教的感受；反观今日的社会，变成学校授课。集中训练固然没有师徒道尊，学生也不觉得自己的一切是由别人所传授，因此中国优良的学徒制就这样慢慢式微了。

不过，我们看今日的社会，医院里的实习医生，还是要跟随主治大夫临床实习，个别指导。就算工业吧，一些车床工人，也是要有老师在他身旁逐步讲解，个别传授，承袭经验。

过去的农夫种田，他要到哪里去学习？不就是靠着跟随父亲下田，日复一日地日长持久，他就成为农业专家了。乃至菜园里、花圃中，所谓园艺者，也都是从前辈那边，眼见耳闻，学得一些经验，日久自然能成为园艺、菜圃的专家。

即使是现在的媒体记者，初学者也需要靠有经验的记者带在身旁学习，否则新闻在哪里？当新闻都找不到时，哪里能采访新闻呢？

现在的社会进步了，任何事情都是讲集体、讲快速，致使现在一些技术性的劳工界，不容易产生特别优秀的人才；甚至厨房里的厨师，煮不出色香味俱全的佳肴，因为没有前辈指导刀工、时间的拿捏，又何能做出可口美味的菜肴？绘画家若没有老师一笔一笔地勾勒、剖析、讲解，哪能学到绘画中的三昧呢？

就如现在的佛教里，拜了师父，他也不肯以学徒自居，一下子就以为自己是老参，以为自己是老师，以为自己是完成了。所以走路不像、拜佛不像、说话不像，言行举止都不像是一个出家人。

因此，古人读书，十载寒窗苦修；学徒习艺，三年五载才能出师，不像今日学子，学子出了校门，就可以派上用场。所以，学徒制是有其缺点，但是一个人如果真正想要有所成就，还是要靠亲炙老师学习、模仿，才能登峰造极，出类拔萃。

时空定位

凡事都要有中心。现在的社会，很多机构都是以"中心"为名，例如医疗中心、健身中心、游乐中心、教育中心、劳工中心，甚至还有太空中心。地球也有地心，即使是卫星也要根据地心或轨道，才能运转。

一个国家以首都为中心，全国的国民以领导者为中心，各个团体都以负责人为中心。人的身体以心脏为中心，可是人的思想、智慧，是以大脑为中心。有中心就能为工作定位，就能为地标定位，甚至时间也要定位。例如，时钟的中心点就是定位，分针、秒针可以绕着它运转，只要中心稳固，时间的分秒必定不会错乱。

所以，凡是定位的根本，必不能经常移动，否则会斫伤。例如树木花草，你经常将根本移动，它在成长上必定受到挫伤；枝叶不怕分枝，果实不怕太重，但是根本应该给它定位，所谓本固而道生。

走独木桥、走钢索，虽然移动惊险，但是只要它的中心点能够平衡，能够稳定，就不会危险；船只漂洋过海，风浪再大，只要掌稳舵，保持住平衡点，就不怕风浪的颠簸。

建造一座房屋，只要基础中心稳固，伸出去的横梁屋檐就会因为有稳固的中心而牢固。甜美的果实，它的中心一定有果核，果核就是中心；中心虽不能供应你食用，但是有果核的中心，才能有甜美的果肉供人享用。

人的心脏、大脑就因为在定位不动，所以它们可以令四肢有效发挥功能，从事各种工作。假如大脑和心脏移位，这一切可就惨了！

世间，任何一事一物，都要有中心。政府机关是国家的中心，家庭和思想是私人的中心。历史上许多大臣篡位事件，都是利用国君出游，无法镇守中心，伺机发动。因此，无论机关首长，乃至公司负责人，如果希望事业扩大有成，就必须坐镇中心，安住指挥。如果事必躬亲，今日东边，明日南方；时而李府，时而张家，凡事不论大小都亲力亲为，必然无法掌握大局。所以，在时空里如何定位，我们不能不注意。

每一个人都是自我生命的艺术家，
可以彩绘自己的人生世界；
每一个人都是自我生命的工程师，
可以塑造自我的美好形象。

对人，要往好处想，要往长处看；
对事，要往远处想，要往大处看。

沉默是金

对一些唠叨不休、信口雌黄的人来说，"沉默是金"真是一点也不错。

佛教的修行法门，有一种称为"禁语"。禁语不但是不说话，而且不可以写纸条；不可以比手画脚，否则就不能算是真正的禁语；真正的禁语，要能做到口不说话，心也不动念。

有人说：我平时在家休息，只是看看电视，看看报纸，其实，这也不算是休息；有活动的时候，看书、看电视、看报纸都一样是工作，不是休息。休息要完全放松，不但眼、耳、鼻、舌、身体都不动，连"心"也要让它保持在"不动念"的状态，这才能够消除疲劳。

有一些儿童，从早到晚，跳动不停，这是一种病态，叫作"过动儿"。过分的工作、过分的劳动，过分的活跃，也像过动儿一样，对人生是不健康的。所以，有时候不说一句话的沉默，不起一念的静止，那才是"沉默是金"。

人有时候，眼、耳、鼻、舌、身不动了，心还在动。例如睡觉的时候，眼、耳、鼻、舌、身都睡着了，可是心起来做梦，上山下海，周游列国，人我是非，甚至梦中杀人越货，种种惊险，醒来惊得一身大汗。就连睡觉它都没有沉默，还是有各种活跃的行为，可不辛苦？

但也有的人生，每天南北奔波，行医教学，弘法为公，到处排难解纷，给人服务，看起来是忙碌不休，实际上他们是人忙心不忙。

两千多年前，有一个青年要向苏格拉底学习讲话，每小时收费十块钱。这一个学生见了苏格拉底，喋喋不休，一直讲述说话如何重要。等他长篇大论说完，苏格拉底叫他先缴学费。他拿出十元，苏格拉底拒绝接受，说："你要跟我学，要付二十元。"青年不解，责问说："别人都是十元，为什么我要二十元呢？"苏格拉底说道："因为别人我只要教他如何说话，但是对你，我还要教你如何不说话。"可见得不说话比会说话还要重要啊！

言在扼要，不在多。一些人言不及义、话不中肯；有的时候言多必失、言过其实，都是指话说多了不好，不说反而是好。因为言语有狂言、有谗言、有谎言、有谣言、有流言、有空言等，你说了这许多无益于人的言语，不是说了不如不说吗？

甚至于有的话是听说、胡说、瞎说，是一些道听途说、自圆其说，当然就更显出"沉默是金"的可贵了。

　　有一个音乐老师到一所佛教学院上音乐课，他教授热门音乐，先播放了一段录音带以后，问学生："音乐中，哪一段最好听？"学生说："停下来的时候最好听！"可见得言为心声，能说出真心的话，必然好听；假如说话言不由衷，则不如禁语，让没有声音的声音来说话，岂不是更有意思吗？

挨家挨户

　　美国微软公司要招考工作人员，有一位青年前往应征。经过考试后，及格录取。当青年准备离去时，主考人员说：我会再用E-mail（电子邮件）跟你联络，青年立刻回答说：我没有E-mail。主考人员说：我们公司不会采用没有E-mail的员工，于是又宣布拒绝录用。

　　青年在回家途中，身上只剩十块美元，想到没有职业，不知如何赚钱养家，心里非常恐慌担忧。不得已，掏出身上仅有的十块美元，买了一大堆的马铃薯，就挨家挨户地去推销，如此赚了一百美元，信心大增。第二天，他又买了很多的马铃薯，再去挨家挨户地推销。数月后，青年买了汽车；数年后，开了工厂，许多企业界的人士，都很喜欢与这位青年往来，大家认识相交之后，都说：有事我会传E-mail给你，青年说：我没E-mail。大家很惊讶，说：你工厂事业做得这么大，怎么会没有E-mail呢? 青年表示说: 我只有"挨家挨户", 我没有E-mail。

现在的青年想要创业, 一开始就说, 我没有办公室, 我没有资本, 我没有电话, 我没有秘书, 我没有计算机, 我没有汽车; 大家不妨看看这位青年, 他什么都没有, 连现代最流行的E-mail都没有, 但是他有"挨家挨户"的精神, 所以能做出一番事业来。

这个"挨家挨户"代表的是什么呢? 代表着有心、有志、有毅力。有心、有志、有毅力, 还怕不能成功吗?

你看, 自古以来, 凡是只说空话的人, 即使是富家的子弟, 他都是从有大楼、有土地、有公司、有汽车、有计算机、有E-mail, 到最后一无所有; 反之, 肯吃亏、肯勤劳、肯奋斗, 有心、有力的人, 可以从无到有, 最后他有大楼、有土地、有工厂。所谓"心想事成", 无心, 怎么能挨家挨户? 怎么能拥有呢?

所以, 想要创业发财的人, 先要有心; 有心才肯挨家挨户, 有挨家挨户的勤劳奔走, 还怕事业无成吗?

设定目标

　　船只在一片汪洋的大海里航行，因为它设定了目标，不必挂念它找不到前途；飞机在万里无垠的空中飞行，因为它设定了目标，按照航线，它会安全降落。人生的旅途中，我们的目标在哪里呢？

　　你看！道路上熙来攘往的车辆，你不必为它挂念，它必有它的目标；路上穿梭不停的行人各自在奔走，他们也是为了赶往他们的目标。目标是每一个人、每一件事的终点。人不能少了自己的目标。

　　中国古人在童蒙的时候，父母师长就鼓励他要立定志向，设定目标；今日青年，读书选择科系，要填第一志愿、第二志愿，这也是选择自己的目标。有的青少年在人海里随波逐流，随缘浪荡，没有目标，醉生梦死地一日复过一日；也有的青年目标太大，不切实际，就如工厂里的机器，它一天只能生产两万吨的产品，你硬要它生产十万吨，你超越目标，就等于没有目标；一部耕耘机，每日只能耕种二十亩地，你要它每日为你耕种一百亩，不但达不到目标，而且机器也会因为不胜负荷而损坏，这就是欲速则不达。就算是计算机吧！它可以收藏许多的信息，但是过多过量，超越了负荷的标准，它也会不听话。

所以，设定目标要量力，要衡量条件，按部就班，不是一蹴而就的。就如龟兔赛跑，设定了目标，乌龟再慢，只要日日爬行，它总能到达目标。

儿童的目标希望赶快长大，学业成就；青年的目标希望爱情美满，找到一个好的职业；壮年人的目标希望全家妻儿老小生活温饱，自己功成名就；老年人的目标希望能有一个安静的环境颐养天年，子孝孙贤，活得自在。

当然，也有的人并非以自我为中心，他不以家为目标、以生活为目标、以自我的功名为目标；他胸怀世界，他体会社会人生的疾苦，他设定的目标是"先天下之忧，后天下之乐"；甚至如佛陀普度众生，示教利喜，乃至如中国俗语说"男儿志在四方"，不以一己为念。

目标有多种，你以从军报国为目标，你以从政救民为目标，你以农工增产为目标，你以学者教育他人为目标，你以宗教家"人饥己饥，人溺己溺"的悲悯情怀为目标；甚至你只是想要做个小人物，安贫乐道、守法守分、和乐家人，帮助社区为目标。不管目标大小，人只要有目标，就会完成自我设定的里程碑，就可以到达目标。

谣言惑众

谣言就是谎言，谎言说了三十次，就会有人把它当成真理！

有一个人到曾子家，对曾子的母亲说：曾子杀人了。第一次，曾子的母亲不相信，丝毫不为所动；第二次，又有人来说曾子杀人，曾子的母亲虽然口说不可能，内心却不免有一些怀疑；第三次，曾子杀人的消息再度传来，母亲也不得不从椅子站起来说：是真的吗？

所谓"三人成虎"，谣言的可怕，由此可见！

过去的帝王，为了稳固政权，常常假造神意，以谣言迷惑群众，例如太平天国的洪秀全自称"天王"，假藉天意，造谣惑民。东王杨秀清被谣言所害，妻子改嫁，自己也因绝望而自杀。

吴三桂误信谣传，以为爱妾陈圆圆被李闯王所俘，"冲冠一怒为红颜"，愤而打开山海关，把大明江山拱手让给大清。梁武帝灭国，也是误信侯景的种种谣言所致。

谣言真真假假，假假真真，让人摸不着虚实。古之说客，就是利用造谣惑众，例如张仪、苏秦师兄弟斗智，固然是各凭机智，但是他们散播谣言，也是取胜之道。

现在的宗教界，有一些自称禅师、活佛之人，妄言神通，到处诈欺敛财，这不仅是谣言惑众，尤其"未证谓证"，更是大妄语。乃至有些人冒充"真佛"，不是假佛，何必要说真佛呢？

夫妻恩爱，天上的一双，地下的一对，但也禁不起谣言破坏，最后分手，各奔西东。兄弟相亲、朋友互助，为了谣言，反目阋墙，计较争执，甚至拼得你死我活，都是为了谣言。

人世间，真话少人听，谣言多人信。历史上多少的离间计，不都是利用谣言做背景？三国时代的曹操、刘备、吕布，甚至诸葛亮之流，都是善用离间计的人。可见从古到今，谣言惑众、无目无之，这就要看谁是智者，谁就能获得最后的胜利。

现在的信息如此发达，这些政治人物也难免不受谣言震动。不过所谓"是非止于智者，谣言止于不听。"世间，有人好说谣言，有人好听谣言，有人好传谣言，有人好信谣言。假如你不说、不听、不传、不信谣言，谣言自然就会销声匿迹。

知识社会

　　我们的社会流行着一句话"向前（钱）看"。举国上下都在向钱看，如此一个重利轻义的国家社会，你说能有多大的成就，也就可想而知了。

　　社会的进步固然要经济的发展成长，因为有了经济才有建设，才能改善生活，才能制造飞机，才能加强国防，才能养家活口，钱怎能说不重要呢？但是，金钱一方面带来社会的进步，一方面也带来了人性的堕落。许多兄弟阋墙，为了金钱；许多夫妻翻脸离婚，为了金钱；许多朋友恶言相向，为了金钱；许多合伙人分利不公，诉讼法庭，为了金钱；甚至于青少年为了金钱，偷窃抢劫；不肖分子为了金钱，犯下伤天害理的案子；还有那许多贪官污吏，为了金钱而不能真正为民服务，招致身败名裂。

　　我们需要经济的发展，但是我们更需要知识的社会。

　　什么是知识社会呢？让全民读书，有思想、有智慧、懂得分析事理、判断善恶好坏。人人都从知识出发，不但能包容一家，更能胸怀乡里，以及社会、国家。如此看来，知识可就比金钱更重要得多了。

知识是人生的动力，人有了知识，可以改变自己的气质；人有了知识，可以明白做人处世的道理；人有了知识，可以为国为民做出许多建国的方案和计划；有了知识，商工的品质就会不一样；有了知识，科学、哲学就能提升。

现在的政治家由于知识不够，所以搞党派、搞私利，不以全民为主。甚至现在的教育家虽在教人，但他没有想到，知识不光只是用来教人的，而是先要健全自己，让自己成为思想知识的主人。

知识并非书读得多就表示有知识，知识也并非会说话、会赚钱就是有知识。没有读过书、不认识字的人，他也会有知识。六祖惠能大师悟道，你能说他没有知识吗？武训以行乞兴学，你能说他没有知识吗？捡破烂的王贯英设立了图书馆，你能说他没有知识吗？王永庆只是小学毕业，却成为中国台湾地区的"经营之神"，你能说他没有知识吗？

知识者，明理也。只要他懂得做人的道理，知道群我之间，知道人格道义，知道社会国家，知道大公无私，这就是社会知识。

所谓知识，在个人是有道德的勇气，在社会是有公共的正气，在国家到处都能普及公理正义；所谓知识，要知人、知事、知情、知理、知物、知心，要能融合一切人事理的因缘，再去给人因缘，那才是知识。

我们宁可什么都少一点，但是社会知识不能少。

老人的春天

世界的人口老化，在各个国家皆属严重的问题。所以，现在台湾地区忙着到处兴建"老人公寓"、"长青之家"、"老人院"，甚至鼓励民间收容老人，解决老人的问题。

然而，只是兴建"养老院"、"崧鹤居"让老人有所住，并不能解决老人的问题。老人的需要，除了居住问题以外，老人其实是到了日暮穷途，进入严寒的冬天了，他们更需要的是我们的关心、我们的了解、我们的嘘寒问暖。

有人拿四季来比喻人生，儿童、青少年就等于是春天、夏天；老人则是已经进入秋冬季节了。其实，我们现在应该要让老人没有进入秋冬的感觉，要让他们一样有老人的春天。

五十年前，蒋经国先生创办"救国团"，把青年的活动纳入到暑期、寒假的战斗营之中，让青年们在战斗中成长，解决了青年的问题。现在老人也应该有老人的战斗营，让老人还能享受第二个生命的春天。

现在各地的大楼要找管理员，都是找退休的老人；工厂的管理、公共场所的维护，各个机关、社团的守卫，都有老人负责，这说明退休的老人"退而不休"，一样能为社会服务。但这总不是老人的春天，老人的第二个春天，我们要让老人活跃起来，动员起来，一样地散发芬芳的生命，让他们感觉到自己还是在过着生命的春天。因此，我们建议：

一、希望社会组织"松柏联谊会"，让老人们有很多的朋友，有很多的交谊，有很多的来往；让老人不孤独，老人不寂寞，老人在社会上如往昔一样地活跃。

二、希望社会能够更多地成立"老人俱乐部"，让老人每天可以到俱乐部下棋、运动，谈古论今，甚至打牌，训练头脑的活动。

三、希望各地成立"托老所"。老小老小，真正的老人也和幼小的儿童一样；社会上有"托儿所"，现在也应该有"托老所"。托老所里有年轻、充满活力的青年人，陪老人说话、说故事；以老人喜欢的运动，例如腿部的、脚部的、手部的、头部的，帮助他们活跃起来。甚至陪他们读书、听他们说话，解决老人们的寂寞，让他们能享受到老人的春天。

四、在各区筹立"老人育乐之家"，让老人在里面可以演奏各种中西乐器，让老人们唱着南腔北调的歌曲，鼓励他们画画，鼓励他们写字，鼓励他们吟诗作对，发表阅读心得，让老人再度唱出生命之歌。

五、成立"老人旅游社"，让老人和年轻人一样，徜徉在山水园林之间。

六、成立"老人加工厂"，可以用老人的力量做一些加工，既可以运动，又可以赚取金钱贴补日用。

总之，老人们是可敬可爱的，他们有功于国家社会，他们将有恩有义留给我们；我们应该关怀老人、报答老人，让老人家们能再过一个生命的春天。

抵制诱惑

　　世间，到处充满了诱惑；抵制诱惑，才能成长。夏娃和亚当不就是因为经不起一个苹果的诱惑，才犯下了罪业；佛陀的弟子须提那本来已经出家了，但是回家的时候，经不起妻子的诱惑，做出和修行不相应的事情，所以让佛陀有了制戒的因缘。儒家的修身养性，主要的也是要让人有不受诱惑的力量。

　　世间，到处都是诱惑。金钱的诱惑、名位的诱惑、爱情的诱惑，甚至于甜言蜜语的诱惑、富贵荣华的诱惑。这个世间，五欲像个大磁铁，诱惑你、吸引你，成为它的俘虏；你不想受它的诱惑，你就得有另外一番抵制的力量。

　　假如一个人，你经不起金钱的诱惑，你的生命、你的名誉，就会掌握在金钱的手中；你经不起名位的诱惑，你的生命，你的人格，就会掌握在名位的手中。假如你经不起爱情的诱惑，你的生命，你的道德，就会掌握在爱情的手中；假如你经不起甜言蜜语、富贵荣华的诱惑，你的人生都不能自救，就会没有力

每日说一些欢喜的话，
每日做一些利众的事，
每日读一些益智的书，
每日度一些有缘的人。

对亲友、家人，要关心和照顾；
对自己、生活，要满足与自律；
对社会、国家，要结缘及贡献；
对工作、事业，要主动和勤劳；
对怨敌、仇家，要原谅并包容。

量，就会迷失在世间的诱惑里。

诱惑看起来是从外面而来的，眼见的红男绿女，万种风情；耳听的靡靡之音，耳闻轻柔淡雅的香味，还有那轻柔温暖的感触，甚至一些刺激嗜好的食品，所谓财、色、名、食、睡的绳索，就会把自己紧紧地捆绑起来。人不能怪外境的诱惑，这是因为自己的内心无力，所以才抵制不了外境的诱惑。

纣王抵制不了妲己的美色，而亡国；多少有为的青年，抵制不了金钱的诱惑，甘心作奸犯科，因此做了金钱的俘虏。鱼儿为了饲饵，做了钩子下的游魂；鸟儿为了啄食，丧生在猎人的网中。所有的动物都是为了食物的诱惑，因而牺牲了生命，可见诱惑的力量是强大的，它能够吸引你牺牲生命都在所不惜。

飞蛾投火，春蚕作茧；色不迷人人自迷，这一切都是因为没有抵制的力量，所以才在诱惑下丧失了生命。

诱惑是我们的敌人，不是我们的朋友。国家的法制，社会的舆论，其实都在帮助我们，鼓励我们不可以在物欲面前败仗。我能不受诱惑，诱惑的外境就会成为我的俘虏，可以为我所用；我淡泊自持，我节俭生活，我体念物力维艰，我守道守德，就不会为物役所累。一个人只要能训练自我内心的力量，不受外境的诱惑，所谓"犹如木人看鸟花，何妨万物假围绕"，自能过一个逍遥自在的人生。

公鸡性格

人，有各种的性格，若用动物来比，人也有很多像动物的性格。例如：湖南人有骡子的性格、上海人有孔雀的性格；此外，还有大象的性格、骆驼的性格、狐狸的性格、鸵鸟的性格。甚至有人说，日本人有鸭子的性格，中国人有公鸡的性格。

所谓鸭子的性格，就表示日本人肯服从领导，有团队的精神。正如一只老母鸭在前面走，后面的小鸭子就会一直跟着母鸭走，绝不会离开队伍。

日本人的鸭子性格，可以从旅游时看得出来。日本的旅行团，导游只要拿着一支旗子在前面走，后面的日本人都会跟着队伍走，绝不会脱队。而中国人被比喻为公鸡的性格，因为中国人不喜欢排队，走到哪里，都是三三两两，各自懒散地走路。

尤其，公鸡不喜欢别人比他伟大，只要见到另一只公鸡抬头高叫"咕，咕，咕"，另外一只公鸡就会张着翅膀冲向前方，啄其头冠，使其不可昂首高叫，此即是见不得别人好也！

中国人的这种性格，养成了"宁为鸡首，不为牛后"的脾气。也就是说，中国人，人人自大、自高，大家都想称雄于一方，而不肯落居于人后，此即公鸡的性格。

其实，一台戏，如果每一个人都争着做主角，谁来做配角呢？每个人都争着排名第一，谁来排名第二、第三呢？所以现在的金马奖、奥斯卡金像奖，都设有最佳配角奖。

不只演戏要有配角，一个机关团体里，一个出色的主管，也需要有最佳的助理：如果人人争做主角，人人想做老大，光是有公鸡的性格，何能成事？

人的性格，还有的吃硬，有的吃软；有的随和，有的执着；有的外向，有的内向；有的大方，有的孤僻；有的自私，有的为公；有的损人，有的则具有利人的性格。

此外，法国人有浪漫的性格，英国人有绅士的性格，德国人有英雄的性格，澳洲人有义工的性格，美国有自大的性格。

我们中国人固然不必一定要去学习法国人等的性格，但是公鸡的性格也不一定受人欢迎，我们何不把某些不良的民族性改为大众的性格、集体的性格、团队的性格、统一的性格、团结的性格、忠孝的性格、讲义的性格、慈悲的性格、柔和的性格。更重要的，就是把我们自己由公鸡的性格改为老二的性格吧！

肃静

往昔，迎神赛会的时候，总见有几位大汉，手拿"回避"、"肃静"的牌子，用以告示路人，切莫嘈杂扰嚷。

到了现代的文明社会，也都强调"轻声"是文明的象征，到处注重"肃静"的生活空间。例如乘坐飞机、火车时，也要看这个车厢安不安静；甚至公共场所里，也都到处悬挂着"肃静"的牌子，以免群众扰乱喧哗。

一场电影演出前，先叫你要"肃静"；一场集会开始前，也是叫你要静穆。一些人外出旅行，并非为了欣赏风景，也非为了追逐热闹，而是为了远离尘嚣，享受一下大自然宁静的气氛。

宁静、肃穆，是现代人追求的生活品质；身为现代人也要有现代人的素养，举凡在公共场合，大众集会的时候，乃至一场讲演进行当中，千万不要任意走动，也不要吱吱喳喳，大家要肃静，这是听讲的条件，也是对讲者的尊敬与礼貌。甚至一场会议，任何一个人发言，大家也都要专心聆听，不可私自对谈，不可窃窃私语。

有人说，中国人最不重视公共礼仪，例如宴会时，本来自有招待人员迎宾入席，就是不希望宴会厅中有人穿来插去，嬉闹喧哗。但是中国人就是无视于这些礼仪，就爱彼此寒暄，一点都不宁静，所以大家都批评说，最不爱宁静的就是中国人。

在家里，如果有读书的儿女，他也都要到其他的场所去找一个宁静的地方念书，以远离家庭的喧嚣吵闹。即连学者写一篇文章、报告，他也要找一个宁静的地方才能完成，可见得我们的社会到处都是声音。声音、声音，肃静多么地难找呀！

有一群旅行者到一个名山宝刹参观，却一直开放着随身带来的收音电唱机。寺中人员上前劝导说："朋友，你们来此不就是希望获得一点宁静的气氛吗？你开着电唱机，连在这种地方都要用声音来麻痹自己，完全没有一刻的宁静，怎么能生出智慧来呢？"

诚哉斯言！儒家也说："知止而后能定，定而后能静，静而后能安，安而后能虑，虑而后能得。"没有肃静，那里有安宁呢？所谓"宁静致远"，佛教也讲究寂静；静，才能拥有禅心，才能通达，才能和圣贤交流，所以静默是一种涅 的境界，唯有静，才是最大的享受！

一时与一世

感动是一时的，感恩是一世的；荣耀是一时的，影响是一世的；受戒是一时的，持戒是一世的；委屈是一时的，成就是一世的。

一时或是一世，谁长谁短？一般人当然认为一时是很短的时间，一世是很长的时间；其实真正说来，一刹那间都有三大阿僧祇劫，因此虽是一时，哪里不是一世呢？

修道的人，精进用功，不畏艰难挫折；辛苦是一时的，成道后的法乐则是永恒的。世间凡夫，争强斗狠，因为难忍一时的瞋恨，造成的灾殃影响是无限的，故而不忍一时之气，终将造成无限的悔恨。

说话，有时候不经意的一句话，"一言能兴邦，一言也能丧邦"；一句话，能把一个人说得稀烂，一句话也能让一个人死里复活。所以是好是坏、是生是死，常常都是因为一句话。一句话是一时的，伤害是永久的，我们岂能不慎防一时的失言！

现代的青少年，血气方刚，常常为了逞一时之勇，飙车比速度；但是，飙车刺激是一时的，伤残抱憾是终生的。为了逞一时之快，留下终生的悔恨，值得吗？

学生沉潜用功，读书学习；辛苦是一时的，成就的结果是一生的。懂得养深积厚的人，莫不宁用一时的辛苦，换取最好的一世。

男女相爱，结婚典礼是一时的，生活相处是一世的。为了一世的生活美满，彼此应该不忘一时的承诺，如此才能相守一生。

民主选举，选票是一张，选出来的公职人员，他的影响是广大的；投票是一次，影响到全民未来的政策，那是无限的。

一时的，表示很快就会成为过去；一世的，则是代表恒长的未来。世间，再苦的事，如果你想到"那是一时的，马上就会过去"，如此一想，再大的辛苦，再多的逆境，都能突破、都能克服。世间，再快乐的事，你也要想：那只是一时的！有此认识，你就不会留恋，贪图不舍。对于苦乐都能舍的人，还有什么事情不能成功呢？

所以，做事时，不妨告诉自己：利人是一世的，辛苦是一时的；有此一念，自然会锲而不舍地努力，终能坚持到底，直达成功。

　　人的一生，一时种下的因，其产生的结果可能影响及于一世，甚至牵动生生世世的祸福安危，因此我们岂能不慎于一时的言行举止呢！为了我们的一世，甚至生生世世，凡事一定不能不注意"一时"的因果！

眼睛与嘴巴

　　眼睛、耳朵、嘴巴、鼻子、身体、心灵，在佛教里称为"六根"，又叫"六识"。透过六根——眼、耳、鼻、舌、身、心来认识世界的"六尘"——色、声、香、味、触、法，这就构成了人的身心活动。

　　六识在一个人的身上，都是非常的重要。人体的村庄，主人翁的村长是心识；眼睛、耳朵、嘴巴、鼻子、身体，是随从心识所生起的，所以又叫"五俱意识"。

　　眼睛看东西，必须具备九个因缘，才能有彼此的作用。嘴巴能说能唱，坏的人事能说成是好的，好的人事也能说成是坏的；滔滔不绝的善恶口业，也为人生带来许多的麻烦。

　　六识中，身体好像一个村庄，五识好比探子；鼻子、眼睛、耳朵、嘴巴、心灵，你哪一识用得比较多呢？你是喜欢看得多，还是喜欢听得多呢？是喜欢吃得多，还是喜欢用嘴巴说的比较多呢？

假如你稍微注意一下，大多数人都比较不喜欢用眼睛看，也不喜用耳朵听，而喜欢用嘴巴说。例如一个观光团到了海外去旅行，进了饭店，导游先生集合大家说道：在我左手边是一个餐厅，大家六点钟进去吃饭；在我右手边是一间厕所，大家可以去方便。

导游说了以后很放心，因为餐厅、洗手间都还有指路牌，大家可以循着前往。但是讲完解散后，总有人会问：王导游，洗手间在哪里？导游听了要生气也不是，不生气也好笑，刚刚不是才说过了吗？你为什么没有听到呢？再说，明明也有指路的标志，你为什么又要再问一次呢？由此可见中国同胞，不管你讲什么，他都不注意听；你写什么，他也不注意看，总认为到时候问一下，就可以解决问题了！

其实，眼识九缘生，耳朵更加有用处。远处的东西，眼睛看不到，耳朵可以听得到；隔壁的东西看不到，声音可以听得到；过去的事情看不到，你重说一次，我还可以听得到。眼、耳各有专长，可惜大家不利用，只利用经常造成口舌是非之争的嘴巴，大家都相信它，总认为要说了才算数。

所谓"亲眼看的"、"亲耳听的"、"亲自说的"；说者是是非非，听者也会真真假假，只有看的，才是最为真实。因此，我们实在应该多多利用眼睛来看看这个世界人生，而不要凡事只靠耳朵和嘴巴。

增加能力

飞机经过了不断地研究发展，已增加了飞高、载重和远途航行的能力；汽车的研发，也有一千二百ＣＣ、两千四百ＣＣ、三千六百ＣＣ等不同马力速度的车种。千里马日行千里，因为它有能量；大象承载数千公斤，也因为它的能量。人能承载多少能量呢？

说到人能承载的能量，也是很伟大的。例如：家庭的生活负担，父母养老的日用所需，儿女读书的教育经费，以及医药、旅行、交际等种种的负担。乃至心上的烦恼、忧愁、苦闷，甚至世间的国事、人权、思想等等，都压得自己抬不起头来。而人还要自恃有力，总像老牛破车一样，一再地承载着世间各种的压力，并且不断地努力向前奔驰。可以说，一个人承载着人生的荣辱、好坏、有无、得失，实在是非常的艰难辛苦。因此，我们不得不训练自己，增加自己的能力，把人生的酸甜苦辣、荣辱毁誉，一起承担起来。

如何才能增加能力？读书就是为了增加能力，训练也是为了增加能力，乃至修行、磨炼，都是为了增加能力。别人能帮助我们的，只是一点力量，因缘也能助成我们一些力量；我们要把力量随心随身储备。当我们遇到某一种境界时，要靠自己来发掘力量，要随时能够应付，否则求天、求地、求人，有时候外力不能帮助自己，你就是怨天尤人，又如之奈何？

佛经说，力量来自于五种：一是信心，二是精进，三是正念，四是定力，五是智慧。

"信心"就是力量！再高的山顶，你有信心爬上去，中途的流汗、气喘，都不会打败你，因为有信心，就有力量。精进、勤劳，不借口拖延，不懒惰懈怠，一心振臂而起，产生的精进力量，就犹如无比的电力，能为自己承担重荷。

"正念"就是正当的思想、正当的思维、正当的见解。所谓"邪不克正"，混乱、散漫、复杂，都不敌一个正念。

"定力"就是对自我的肯定。有了定力，尽管金钱美色当前，你都能如如不动，就像一潭静止的湖水，清澈见底。你有了定力，还会看不清人间的是非得失吗？

"智慧"对人生尤其重要。有的人做了一年的劳力，所得有限；有的人"智者一言"，无价财富。所以要开发自己的智慧，让智慧来处理我们的感情，让智慧来引导我们的思想，让智慧来指导我们的工作。

一场战争，要比谁的战力大，谁就能赢得战争；情侣的三角爱情，要看谁的魅力大，谁就能赢得爱情；商场上，谁的资本财力雄厚，谁就能赢得商机；人际间的较量，也是要看谁的心里能源多、谁的智慧高，谁就是人生的胜利者。

信心、精进、正念、定力、智慧，就是我们的能力！

社会新鲜人

每年七八月间，总有许多大专院校或职业学校的毕业生，投入社会的工作行列里，这些青年学子，都号称为"社会新鲜人"。

这一群社会新鲜人，当初在校的学费、生活，都由父母供应，学业方面，都由师长给予教导，无忧无虑，天之骄子，享受国家和社会的资源。但一到毕业，就要自食其力，在各种工作的门口徘徊，甚至于要面对职业的风云险恶，也就没有往日的惬意了。

当中，有的人有好因好缘来找他，有的人好因好缘从他身旁轻轻擦过，有的人到处找好因好缘，难得如愿。所以这一群社会新鲜人各凭本领，必然要使出浑身解数，找寻一个工作机会。既可以赚钱养家活口，孝养父母，又可以服务社会，积功培德，从服务中更能够创造出未来的机缘。

有的社会新鲜人希望飞黄腾达，一步登天，天何其高哉！

有的人因为想得高，跌得重，地何其硬哉！社会形形色色，看得多，得不到，人情厚薄，此时社会新鲜人已略有体会了。无奈人情冷暖，厚薄难量，得失当前，想要称心如意，何其难哉！经过短暂的努力，往往像斗败的公鸡，徒呼奈何，这是一般新鲜人的实况。

《华严经》里的"十法界"，每界中又有十法界，所谓"百界千如"，就好比世间三百六十行，你在哪一个行业才能找到你的归属，登上状元的宝座？既要有能力，又要时间，天下没有白吃的午餐，每个人都要有"白手起家"的本领，从无到有的奋斗；如果不能，也要藉助社会众人的关系，先为别人奉献之、助长之，等到因缘成就，或许才能透出一点未来成就的气息。

有人问：社会新鲜人的前途在哪里？在勤劳奉献里！在忠诚工作里！在辛苦耐烦里！在广结善缘里！在乐观进取里！如果社会新鲜人有技能，有美德，有精勤，有因果观念，凡事则无有不成。

现在这一群社会新鲜人，有的人像龟兔赛跑，不在快慢，但重在耐力；也不在一时花叶婆娑的美丽，当风雨来时，要经得起考验！在人生的旅途上，社会新鲜人春风得意，如不把握，当春天过去了，面临秋霜冬雪的时候，又怎么办呢？当失意潦倒，工作无门，你没有"闻鸡起舞"的精神，又怎么能有成就呢？黄金宝石久藏在山中，幽兰生长在悬崖峭壁，金光芬芳，自然会有人找到你。

各位社会新鲜人，你们能对社会贡献多少，社会自然给予你多少！至于前途在哪里？前途就在你的本身！你的世界，你的前途，就看社会新鲜人你们如何自己去创造了！

多元文化

有人说，多元文化是中华文化的特色；汉、满、蒙、回、藏等，各民族都有自己的文化。中华文化包容各种方言、各种习惯、各种信仰、各种风俗，这些都是中华的"多元文化"。

现今，世界上许多国家，因为移民的政策，使他们的文化愈来愈多元化，愈来愈引导他们的世界观。

什么是多元文化呢？例如美国、澳洲等，都是多元文化的国家。他们接受移民，让世界上各种族到了他们的国家，都能融合在一起。你看，到了美国的纽约、三藩市、洛杉矶；到了澳洲的悉尼、墨尔本等，来自世界各地的种族：德裔、意裔、英裔、美裔，乃至于华裔，他们都居于一个社区，一栋大楼，那才是真正做到种族融和呢！

所谓"多元文化"，一个文化节目里，各个国家、各种族裔、各种文化，可以尽情地表演，互相观摩，互相欣赏，互相引以为乐，这才叫作多元文化，这才是多彩多姿。

一场集会，有讲英文的，有讲西班牙文的，有讲日文的，有讲韩文的，有讲俄语的。虽然要经过多种的翻译，但是大家不会显得不耐烦。因为大家尊重不同的文化、包容不同的文化；因为有尊重、包容，让各种文化、各种语言都能存在，所以这才叫作真正的多元文化。

在学校里，小学、中学、大学，说各国语言，穿各国服装，信仰各国宗教，一概不会受到歧视；因为相互尊重，才有多元文化。

在多元文化的国家里，各种就业的机构中，不会排斥别的文化，反而对于少数民族有特别的保护，例如工程发包，对于少数民族，公家必定保留相当的比例，让他们得以生存。

在多元文化的国家里，走在街头上，就像万国博览会，形形色色的人种，真叫人看出多元文化的伟大，更看出包容多元文化的国家伟大。

人人做警察

警察是人民的公仆，总统也是人民的公仆，凡是公务人员都是人民的公仆。举凡现代民主的国家，都有这样的共识。

警察执行任务，除暴安良，维护公共秩序，只要是会危害到社会安全的人事物，都是警察执勤的范围，都应该承办处理。

警察的任务多而且大，诸如抓赌抓娼、防火防盗、缉拿罪犯、稽查逃漏税、防止走私贩毒等。甚至车祸的处理、交通安全的维护，还有肃贪扫黑、镇暴止乱，乃至窃盗国土、贪赃枉法等，凡是不公不正的事，都要报请警察处理。可怜的警察，任务之多，工作的艰巨，以及身处各种危险的压力，有时还要遭受各方的指责，真是令人敬佩，但也不免要感叹"警察难为"啊！

其实，一个国家之大，不是靠几个警察就能保护国家的安全，就能维持社会的秩序，这需要靠全体的国民"人人做警察"。

"人人做警察"，这是每一个现代进步的国家，人民应有的共识。然而中国人几千年来，已经习惯于"各人自扫门前雪，不管他人瓦上霜"，所以养成抱残守缺，不热心公共事务。甚至有人说：天掉下来了，也让高个子顶住！人人坐享其成，这一种社会怎么能进步呢？

所以，现在的社区喊出"守望相助"的口号，就是要大家一起来维护社会的安全，大家一起来取缔破坏社会的宵小。

中国古代也出了一些游侠，他们维护公理正义，舍我其谁？因此受到社会的尊重。但这毕竟只是少数，假如今日全体的国民，大家都有"人人做警察"的心理，这就是人人都是侠义中人，何乐而不为呢？

在美国，一个儿童不懂得遵守公共秩序，不懂得维护社区的环境，喝完汽水后，任意把空罐子随手丢弃，后面的老婆婆看了非常不以为然，命令儿童捡起来，儿童说："关你什么事？"老婆婆说："怎么不关我事，你乱丢东西，制造垃圾，污染环境，我们社区的房地产会跌价，这就跟我有关系！"这位老婆婆就是人人做警察的模范。

在西德，一青年住在公寓里，任何时刻都是开着电灯，另外的房客看不过去，叫他关掉。青年则说："关你何事？"房客说："你浪费能源，使国家陷于贫穷，怎么不关我事？"

佛教对于公共秩序的维护，着重在举过，因为有人举过，才会不犯过。所以，人人做警察，这是现代人应该建立的共识。

成佛以后

佛教主张"佛性平等，人人皆得成佛。"所谓"即心即佛"，又谓"佛是已觉悟的众生，众生是未觉悟的佛"。所以，在成佛之前，大家都是一样，是一个"藏佛人"。成佛之时，自己已经把精神、生命、真心，融入大宇之中，和真理同在。真理是无处不遍，无所不在；佛性真理遍满虚空，在大宇之中，享受自然、平和的法性之乐。

直到成佛以后，佛陀的法身可以继续安住在寂静的法性里，也可以如如而来，应现世间，开导众生，像释迦牟尼佛应化世间，给予众生示教利喜，应病与药，把般若真理的种子，播向一切众生的心田，给予众生做一个得度的因缘。

成佛后的佛陀，示现凡夫相，做众生的津梁，背负众生渡生死海，登涅槃岸。成佛后的佛陀，一样晨起托钵、经行、教化、入定、静思、运动，慈悲教化众生，带领他的教团做世间众生的明灯。

　　成佛后的佛陀，是常精进、是不休息、是大慈悲、是大般若，是大勇猛、大威力总合的圣者。他把信解行证融合在一起，他把慈悲喜舍融入于一体；他不重空谈、不尚虚浮，他事理圆融、福慧同等；他行化于宇宙虚空之中，就好像"千江有水千江月，万里无云万里天"。

　　唐朝的顺宗皇帝曾问佛光如满禅师道："佛从何方来？灭向何方去？既言常住世，佛今在何处？"

　　如满禅师答道："佛从无为来，灭向无为去，法身满虚空，常住无心处。有念归无念，有住归无住，来为众生来，去为众生去。清净真如海，湛然体常住，智者常思惟，更勿生疑虑。"

　　唐顺宗听后，心中仍有疑虑，于是又问道："佛向王宫来，灭向双林灭，住世四十九，又言无法说。山河与大海，天地及日月，时至皆归尽，谁言不生灭？疑情犹若斯，智者善分别。"

　　如满禅师再答道："佛体本无为，迷情妄分别，法身等虚空，未曾有生灭。有缘佛出世，无缘佛入灭，处处化众生，犹如水中月。非常亦非断，非生亦非灭，生亦未曾生，灭亦未曾灭，了见无生处，自然无法说。"

　　佛陀不是来无影去无踪的神明，佛陀是一个活生生、有历史可考的圣者；成佛后的佛陀，也不是不食人间烟火的仙人，而是心怀度生慈悲愿的人间佛教行者。从佛光如满禅师与唐顺宗之间的问答诗偈，足以为证。

　　你也是佛！你怎么做呢？

处事礼貌

做人处事什么最重要？信用、诚实、礼貌最重要。现在讲说处事的礼貌：别人看你有没有学问，先看你有没有礼貌；别人要不要和你结交朋友，也先看你有没有礼貌。有礼貌的人，人人欢喜；没有礼貌的人，人人讨厌。

周朝的周公旦为人崇拜，因为他一直教人礼貌；孔子为人称道，因为他从童年就开始学习礼貌。有礼貌的儿童，会孝敬父母，会诚实守法，会勤劳工作，会有成功的将来。

有礼貌的孩子不会变坏，有礼貌的青年会知道上进，有礼貌的成年人会增加他的声望，有礼貌的老年人会让人乐于和他亲近。相反地，没有礼貌的大官，给人鄙弃；没有礼貌的家长，子弟都看不起；当然没有礼貌的同事、同学、同乡，更加叫人不屑与之来往了。

举一些处事的礼貌作为做人的参考：

一、拜访他人，先要约定时间，不可误时；讲话简要，甚至先告之对方谈话时间长短；没有约定，贸然造访，令人措手不及，惹人生厌。

二、现代社会，大家常用电话；电话礼貌，先报自己的姓名，再请教对方。长话短说，不可重复，时间以短为好；不要忘记说"请、谢谢、对不起"。

三、用餐时，先认清自己的身份，应坐何位，不可贸然上座；吃饭时，应保持用餐的风仪，不可一面咀嚼饭菜，一面说话。别人讲话要以眼注视，不可只管自己吃用；现代大多有用公筷的习惯，不可冒犯越规。

四、乘搭他人座车，应知乘车的长幼秩序，不可任性而坐。如乘搭火车、公车，应知排队的习惯，从容不迫，不可慌张失措。

五、和人应对，要表示坦诚、亲切，答问之间，要让人感受到你的诚恳、谦虚，不可与人妄自高论；尤其，问答之间不可说话太长，三句五句即可告一段落，要知道这是对谈，不是长篇大论的演讲。

六、开会时，应该准时出席，不可迟到。如有意见，应在适当的时间提出，不宜放言高论，喋喋不休。别人的不同意见，应予尊重；一再执着，有我无人，实为无礼之极。

七、每天上班都应该准时，到达时最好先和主管打个招呼，学习请示和报告，这不但是责任，也是礼貌。上班时，不可抽烟阅报，桌上的文件不可乱放；对同事应该和善帮助，凡事要求周全，这是工作的礼貌。

八、在家庭里，即使父母、兄弟、夫妻、儿女，也宜以礼相待；对别人的尊重，也就是对自己的尊重。

说到礼貌，实有多种：眼看、耳听、举止动作、言谈表情，在在都要注意庄重；不但让人接受，还要给人欣赏、要想做人处事，就得记住"礼貌第一"。

要检举黑手

一个国家，有人做奸臣；奸臣者，黑手也！有的团体里，有人吃里扒外，不顾自己机关团体的立场，此亦即黑手也！

任何地方，任何团体，都有一些黑手。黑手者，就是他所说的意见，经过他自己的规划，让人不知道是他所为。他在黑暗中策动，他在黑暗中遥控，说些风凉话，挑拨离间，扰乱一个团体大众，致使不能和睦相处，不能平静安宁，此即黑手所造也！

例如，黑手甲说：我有个秘密告诉你，我们的主管要把你们外省人通通裁撤，你可不能说是我说的喔！听者闻言，从此痛恨主管，身心不安，故意和公司作对。你问他消息从何而来？他说我不能出卖我的朋友。

黑手乙说：老师近来注意你抄袭别人的文章，说你自己不用功，对你的人格也大打折扣，这些话你可不能给老师知道是我说的喔！听者为同学保守秘密，但他因此对老师心生怨恨，认为老师不公平、不友善，所以专门想出各种方法来修理老师，使得师生之间的情谊就这样被这位黑手一手操纵。

黑手丙说：我们的主管对人家说，你对公家团体毫无贡献，这次出国观光旅行，他绝不会给你机会；你可不要说是我说的，我只是给你信息，让你小心应付。此一听者不问青红皂白，觉得主管私心自用，忽略自己的贡献辛劳，于是心中暗暗发誓，大家走着瞧！此亦即黑手导演之成绩也！

世间，这一类黑手好像无所不在，无所不有。可惜人类的弱点，常常被这些黑手所利用。保护黑手，忍心让师长、团体，处于被害之中。所以，不要轻易听信黑手的谗言，不要轻易听信黑手的搬弄！

所谓"是非止于智者！"遇事你应该要用你的经验来判断、来处理问题，或者你就跟你的主管把一切事情的原委，讲清楚、说明白。甚至于进而要检举黑手，让黑手无所遁形，如此你的主管、团体、朋友就不会被黑手所操控，大家也就都得平安无事了。希望大家都有检举黑手的道德勇气，阿弥陀佛！

茶果文化

西方人有喝咖啡的文化，东方人也有喝茶的文化；西方人有卡片文化，东方人也有糖果文化；西方人有饮酒文化，东方人不但有饮酒文化，还有赌博文化。

人与人之间联谊交往，各个种族、各个国家、各个地区，都有一些不同的文化。过去中国人来往，有所谓点头之交，西方人也有握手之谊，甚至官场贵族更发展出拥抱、接吻等社交礼仪。

中国人，如果有事情需要拜托他人帮忙，就会自告奋勇地说：我和他有点头之交；有了困难需要请人解决，一篮水果、一盒糖果饼干，往往就能获得很大的帮助。

朋友之间有了一些误会，也以请他喝茶来消解误会；如果想要结交某人，也请人介绍他来茶叙，以助识荆。世界上的问题，大部分都可以在饭桌上解决；其实更简单的是茶会就能解决很多的纷争。乃至现在已不只是解决两个人之间的问题，许多国家大事、社会问题、邻里社团、专业讨论，凡是有事，备办茶果，找个地方聚会讨论，总能取得共识。

战场上多少的枪炮子弹，损伤了人命；斗室中的茶水、咖啡，却能解决多少人间的纷争。古人的煮茗清谈，运筹帷幄之中，决胜于千里之外。英国人的行政制度，也是靠着几个人在一间小房子的阁楼上，共同订出治国平天下的方法，所以称为"内阁"。

有名的赵州禅师叫人"吃茶去"，可以开悟；陆羽品茶，尊为"茶圣"。中国的茶到了日本成为"茶道"，茶道已成为高级礼仪，成为绅士淑女的典范。可惜现在多数中国人时兴以喝汽水、沙士、矿泉水、橘子汁等各种饮料来代替饮茶；然而茶的功用，不只在消痰止渴，茶有润肺健身等更多的功能。尤其老人一杯茶在手，三五好友，一边品茗，同时还可天南地北地畅谈家事、国事、天下事，不但增长见闻，沟通情谊，人生无限的乐趣，可以说尽在其中矣！

现在世界上很多国家，都已在学习种茶，所以希望中国人能继续发扬"茶果文化"，同时提高茶艺的品质与内涵，千万不要被西方人的咖啡文化给打倒了。

和自己竞赛

　　人生，是一场无止境的马拉松竞赛。从幼儿园、小学读书开始，就需要比赛；考试制度，就是一场竞赛！

　　女孩子，谁长得漂亮，暗自较量，就是竞赛；谁的身材长得高，长得窈窕，也是竞赛。谁家的父母官位最大，谁家的房屋最宽广，也是竞赛。商场的竞赛，工业的竞赛；农产品、科技产物等，都要竞赛。可以说，各行各业，为了竞赛，都在全力以赴！

　　竞选中国小姐，竞选中华先生；歌唱要竞赛，美术要竞赛。国与国之间，军备的竞赛；奥林匹克运动会，体力的竞赛。世界上各种的竞赛，无处无之，无人无之。达尔文先生的"进化论"："物竞天择，适者生存"就说明了竞赛的道理。

　　万种的竞赛，都没有和自己竞赛来得重要！赢了别人，不算真的胜利；赢了别国，也不算真的强大。竞赛，要赢得自己。和自己竞赛，胜利了的人，才是真的胜利者。

　　怎么和自己竞赛呢？梁启超先生说："今日之我，不惜向昨日之我宣战！"人的道德、学问、能力，要"苟日新，日日新，又日新"。不断地创新，不断地进步，不断地做出贡献，这才是一个胜利者。

人都有贪心，你能把贪心减少，你不但赢了别人，也会赢了自己。瞋心、嫉妒、骄慢、执着，都是自己的弱点，如果你能够把这许多恶习去除，你不但会战胜别人，更会战胜自己。

慈悲、喜舍、乐观、进取、精进、惭愧、内省、公德、无私、正义；这十门功课总分是一百分，你平均及格否？你每项给自己几分？或者你可以让别人给你评分，你能及格吗？你能战胜自己吗？

历史上，佛陀和其他宗教的圣者，他们都是战胜自己的人；历代的圣贤豪杰，他们也都是战胜自己的人。所谓"战胜自己"，就是战胜私欲、战胜执着、战胜愚昧、战胜无明。如果你能化私为公、化执为舍、化愚为智，化无明烦恼为菩提正觉，你就是一个战胜自己的人了！

各位读者们，为了你们能够战胜自己，而来欢呼、祝贺吧！

种族融和

美国是一个开放移民的国家，除了美国本土的人民以外，还有：犹太人、墨西哥人、西班牙人、法兰西人、德意志人、俄罗斯人，甚至华人当中，又有广东人、闽南人、客家人等，还有亚洲的日本人、韩国人、马来人等。尽管种族再多，美国大冶洪炉，融为一体，谁要挑起种族间的感情冲突，就会受到法律相当的制裁。伟哉美国，能包容也！

世界之上，国与国分，地与地分，尤其人与人分，最为危险。世界上，最难处理的问题，不是贫富，不是智愚，最难处理的就是种族问题。

就以中国来说吧！五族共和，汉、满、蒙、回、藏，也是千百年的情结，始终扰乱着中国的政局，难以安宁。一直到孙中山先生倡导五族共和，过去百年以来的种族情结，才慢慢获得和解。

种族的分歧，有的是地理环境使然，有的是语言风俗的习惯，有的是人种肤色的不同，致使大家排除异己。就算是在同文同种的种族里，也会有贫富贵贱之分；不同的种族里面，更划分了种种的不同，产生种种不能相聚的情结。异国鸳鸯，尤其成为近年来各国父母不能接受，但又不得不面对的问题。

国际佛光会多年来一直鼓励大家要做"地球人"！我们生存在世界之上，可以说都是生命共同体，因此，能够有"同体共生"的思想、理念者，才有资格成为二十一世纪的现代人也！

黑函与黑心

在台湾地区，几十年来流行一个黑函文化，有些人士不知道出于何心，他不到法院告状，也不向警局检举，总喜欢用黑函投书，检举别人的违法。

台湾地区的官员，常常为了一块钱邮票寄来的一封黑函，就有多少人忙着调查，忙着追问，所以一块钱能打乱了一个政府的步调，甚至一块钱就能打倒一个人。

其实，黑函是制造社会乱象的根源。投书黑函者，既然是要检举别人，何必躲在暗中，用暗箭伤人呢？何不堂堂正正地检举？台湾地区不是有检举匪谍的办法，检举人还可以立功得赏，可见根本不需要用黑函。但是发黑函的人，他的心理必定是基于仇恨，基于私利，基于报复，基于给人打击。发黑函的人，乘一时之快，所费不多，只要一块钱的邮票，就能置人于死地，所以应该说：黑函者，乃黑心人所发也！心不黑，又怎么会有黑函呢？

在欧美先进的国家，也有黑心人投书黑函者，但是治安机关、法院机构，甚至任何团体收到黑函后，都会先追查发黑函者，你基于什么心理、什么理念、什么想法、什么态度投书此一黑函？对于收到黑函后，先从投书黑函者查起，而后再到被检举者，显然先进国家处理事情，一切都比较公平。

一九八〇年左右，佛光山正在美国筹建西来寺，旅居在三藩市的宣化法师，向美国政府投书，要他们禁止创建西来寺。美国政府将其投书的黑函先寄交给西来寺的主事者慈庄法师，慈庄法师大惊，认为麻烦来也！但美国政府反而安慰说：你不要惊慌，美国政府不是由宣化法师主持的，我们自有公平、民主的法律。

由于美国政府的民主公平，使得投书黑函的黑心宵小之辈无所遁形。其实，要在社会上立足，人与人之间的利害关系，的确非常复杂。各人为了自己的立场，对不以为然的人事，看法必然不尽相同。甚至为了利益冲突，纠纷也必然有之，但大家应该理性地诉之于正常的管道，或由各自的社团、教会、法律、法令来公平处置，实在不必动不动就发黑函，在黑暗中让人看不到你的面目，你不是黑心人是什么呢？所以，对于经常惯写黑函者，不禁提出善意的劝告。

时间的长短

时间，除了我们平时计算的一小时、两小时，一天、两天，一月、两月，一年、两年，一世纪、两世纪以外；在佛教里，最短的时间是"刹那"，最长的时间名为"阿僧祇劫"，就是无数。

其实，时间没有长短，心念一动，一刹那中可以上到天堂、堕入地狱；如是顽石，天长地久，亦复如是。因此，佛经说，少壮一弹指，六十三刹那；无量阿僧祇劫，也只在一念之中。

历史上，郑成功、楚霸王、唐太宗、武则天，都在三十多岁就称帝封王，不管成败，总是成就他们的功业；颜回、僧肇、梁启超、胡适之，也是在三十多岁即成为古今之大儒学者。

有的人，弱冠之龄就能考取状元；有的人，孜孜不倦，努力用功，直到耄耋之年，仍然名落孙山。农作物，有的春种秋收，有的十年不长；时间，对于成败，真的很难料定也。

但是，时间毕竟是历史的长河，无论什么事，都需要时间的酝酿，庸庸碌碌，无能的一生，只要能活到一百二十岁，他也是国之大老；平凡的东西，尽管收藏，历千百年之后，也能成为稀世国宝。

有的人，十载寒窗无人问，一举成名天下知；有的人，百年岁月空过，空过百岁人生，最后依然一事无成。时间，如白驹过隙，在身边轻悄悄地走过，一不留神，转眼红颜变成白发，青春成为老迈。如李白诗云："高堂明镜悲白发，朝如青丝暮成雪。"会得用心的人，一念三千；不会用功的人，无量寿又奈何！蜉蝣朝生夕死，它也过了一生，真正用功的道人，念念在众生，念念在服务，又为何计较于时间长短呢？

禅者，顷刻之间就能悟道，所谓当下即是，时间的长短，都在其中矣！

我们的生命，在时间的长河里，有的功成名就，累积了德业，有的一无是处，浪费了生命。古人云："一失足成千古恨，再回头已百年身。"时间是上天给我们的礼物，我们要好好运用时间，不要辜负时间，所谓夏禹不重径尺之璧，而重日之寸阴；陶侃不爱闲逸之时，而以搬砖治懒。计较时间的长短，并没有真实的意义，重视当下的一刻，这才是我们的时间喔！

携手同圆

做人，有的人非常偏激，左右两边，不是左就是右；做人，有的人上下两极化，对于高低、大小，阶级分得非常清楚；做人，有的人四平八稳，非常方正，多一点、少一点，他一点都不肯含糊、苟且；做人，也有的人是圆形的，非常中道，可以多一点，也可以少一点，只要正派，只要有公义，只要大家欢喜，就算圆融，就算圆满。虚空，不就是这样一个"圆"吗？

马来西亚佛教青年总会举办世界大会，列出主题"携手同圆"，既是"携手"，就应该合作；既是"同圆"，就应该融和。一个人不可以太有棱角，人生其实就像一块巨木，你锯成长的、短的，都很容易，锯成方形、矩形，也算简单，你希望把木材变成圆形的，就比较需要费工夫了。诚如做人，要想做得圆满、自然也是比较难的呀！

假如你问：太阳是什么样子？当然是圆形的！月亮是什么样子？当然是圆形的！地球是什么样子？当然是圆形的！日常用

品中，水管是圆形的，锅子是圆形的，甚至餐桌也是圆形的，所谓"圆桌会议"，都是圆的。世间万物，如果是方形的，不管是正方形、长方形，或是四角形、六角形，一样都是有棱有角，有了棱角就容易产生摩擦；如果是圆形的，即使是长形圆，或是椭形圆，都是"圆"，只要是圆，大都容易为人所接受。

时间是什么样子？时间是无形的。但是，从春夏秋冬来看，时间是圆形的，就像时辰钟表一样，一轮十二个小时，周而复始。人生，生老病死，就是一个圆形，所谓生死轮回；世界，成住坏空，也是一个圆形。道路上，所有的交通工具，轮子都是圆形的；因为圆，才能滚动，因此才能走长远的路。人生又怎能不圆呢？

做事要圆通，做人要圆融，说话要圆满；不圆，就有了残缺，有了残缺，就不容易让人欢喜接受。所以，我们平时唱歌，歌喉要婉转圆润，写字也要灵活圆融；即连奥林匹克运动会，现在也已经是五大洲圆融共处了。

天地间，天的心是什么样子？是圆形的，天心圆成；地的德是什么样子？是圆形的，地德圆满；人心是什么样子？是圆形的，真如自性不是自然圆成吗？

若问：人间什么最美？圆的！真的！善的！净的！平的！我们要达到至美的人生境界，大家就要从圆开始。希望所有的青年朋友们，我们要和父母、家人相处，要重视圆融和谐；我们在社会上工作，我们要圆满责任。为了人生的前途，我们不妨画好一个宇宙般的大圆圈，重重叠叠，无穷无尽，就让我们勇猛精进的携手向"圆"出发吧！

马上办

　　今日事，今日毕！"马上办"，这不只是增长工作效率，这也是延长自己生命的价值。

　　历史上，夏禹不重径尺之璧，而爱每日寸阴，所谓"一寸光阴一寸金，寸金难买寸光阴。"但是，有一些懒惰的学子也说："春天不是读书天，夏日炎炎正好眠，秋有蚊虫冬有雪，收拾收拾好过年。"这是拖延岁月，故而一事无成。

　　过去政府官员，对于人民的申请案件，总喜欢积压，好像处理太快，就显不出他的权利一样。

　　在家庭里，儿女希望父母买个东西给他，如果父母"马上办"，一定能获得儿女的好感。学校里，老师修改文章，如果"马上改"，一定能获得学生的向心力。公司里，主管交办事情，如果属下都能马上办，必定能获得较多的升迁机会。

　　现在是个科技时代，凡事讲究快速，讲究效率，例如在邮政方面，有了快递不够，还有限时专送；又如飞机、火车，一遇假日，乘客太多，立刻就会增加班次，以因应乘客的需要。

现在国际上，出国旅游一趟，如果是到有邦交的国家，办理签证时，往往随到随签；如果是没有邦交的国家，总要三天五天，或是一个礼拜，以示没有邦交的现实。

现在也是一个讲究服务品质的时代，建一栋房子，都会订定进度，限时交屋；做一件衣服，也会事先告诉你，多少时间可以完成。到银行提领存款，银行的人也都是替你"马上办"；甚至有时候集会，临时需要一些汽水、面包，只要一通电话，商店马上替你服务到家。

"马上办"是一句宣传的口号，就如念佛的人，要往生西方极乐世界，阿弥陀佛也打出一句"于一念顷，往生西方净土"，比马上办还要快。

话说有甲、乙二人要朝礼普陀山，一人坐等机会，一人马上行动。行动的人朝山归来，等待的人尚未成行，可见马上办会即刻完成，拖延敷衍，难以成功。所以，奉劝大家，对于善事、好事，应该"马上办"也。

有我一份

　　凡是好事，"有我一份"参与，凡是好人，"有我一份"交情，凡是好的东西，"有我一份"享有；好的东西，有我一份，好的人情，也有我的一份，凡事想到"有我一份"，这是多么美好的事情啊！

　　其实，世间哪一样东西没有"我的一份"？地球有我一份，国家有我一份，大地山河、公园道路、机场港口，哪一样没有我的一份？你建高楼大厦，我无力拥有一份，但是我可以在你的骑楼下躲雨；你建百货公司，我可以前往购物消费；你建工厂，我可以应征工作；你栽花种树，我可以免费欣赏；你家有喜事，张灯结彩，我也可以分享你的喜气，这不都是"有我一份"吗？

　　你开银行，我可以存款；你办报纸，我可以当读者；你制造冷气冰箱、汽车马达，我是多么的享受啊！你开车行，我只要花些许的钱，你就可以把我带到我想要去的地方。你著书立说，我可以阅读；你在大庭广众讲演，我可以参加听讲。世间的事，哪一样没有我的一份呢？温暖的阳光，我要它，它就有我的一份；皎洁的月亮，我要欣赏，它也会有我的一份。清风徐来，有我的一份；高山流水，也都有我的一份。世间的建设、财富，可以都不是我的，但是我在思想上，我可以享受它的价值；享有的这一份，别人总无法加以剥夺吧！因此，世间，只要你想，凡事都有我的一份，你就不会贫穷。

我们的地球，我要注重环保，重视生态维护，因为它是我的地球。国家是我的，我就肯为它牺牲；因为有我的一份奉献，当别人侵犯到国家的利益时，我舍生舍命也要保护它。家庭是我的，社会是我的，人群也是我的同胞，我觉得他们都是美好的，我爱他们还怕不够，怎么还会去侵犯他们呢？

中国人一向有"爱之欲其生，恶之欲其死"的性格。有我的一份，我就会爱护他；凡不是我的，即使再好，我也宁愿破坏它，不与共存。假如是我的，即使烂皮烂肉，我也会好好地加以包扎、洗涤；家中的小儿、小女，即使如何不孝，我也要好好教育他，甚至所养的小猫、小狗，又脏又丑，还是我的小狗。"有我一份"、"是我的"，多么美好啊！

所以，希望我们每个人，都能把全人类看成是我的同胞兄弟姊妹；所有的天地日月、山河大地，都是我的财富。已经有那么多的"我的"，还有什么不够呢？一切都有"我的一份"，还有什么不满足呢? 想到世间一切都有我的一份, 人生真是无限美好啊!

神奇的妄语

妄语就是谎言，说谎是佛教五戒之一。谎言有善意的谎言，有护己的谎言，有恶意的谎言。例如，明知对方的病已经没有痊愈的可能，但是鼓励他说：只要你有信心，病会好起来的！这就是善意的谎言；自己还没有吃饭，对人家说已经吃过了，以免除别人的麻烦，这也是善意的谎言。对自己的利益一直用假话来保护；对自己的过失一直用假话来粉饰，这就是护私的谎言。明知有损别人的利益，却以造假的心意让别人听信你的话而受了损失，这就是恶意的谎言。

过去，做假药、卖假货的人，多少还有一点良知；现在有一些堕落的宗教团体，经常在宣扬云彩、甘露的灵异，这不但是佛菩萨的难堪，同时也造成自己欺世取利的妄行。尤其一些自称活佛、无上师的人士，常夸示说自己有神通、有灵异，说自己悟道了，以此来博取他人的信仰，这是最严重的大妄语，这就如犯了无期徒刑，是不能赦免的罪过。

因为不讲真理，不讲事实，假藉群众对宗教的信仰，藉助这种弱点来达到欺瞒的目的，就如现在市面上出售未过滤的清水、贩卖合成的物品或伤害人体的食物等，造成民众的金钱损失也罢了，尤其让民众的生命受到威胁，更是罪不可逭。

某艺人罹患癌症，经医院宣判已经到了末期。消息披露后，一天之中，数十通电话向她推销药物。她不接受，对方还出言粗鲁，可见造假的宣传，假事、假药多么可怕。

过去有人说黑道很可怕，但是黑道有时候还讲些义气，而且他是明显的黑道，容易提防；妄语、说谎，这是假道，假道是不容易看得出来的，比黑道更可怕。现在的社会人心，大家说假话、存假心，假情假义，造成社会一片假风。但是假话只能蒙蔽人于一时，必定经不起时间的考验，你几曾见过卖假药、假货，造假的灵异能长久的呢？

再说，信仰神明并不能为我们管理金钱股票，也不会为我们照顾身体健康，更无法赐给我们仙丹妙药；宗教只是给我们真理，就算佛菩萨也是告诉我们：一切事情有前因必有后果；你造什么因，将来必定也会受什么果报。至于故弄玄虚，以神奇的妄语来欺人只是一时的，不能长久，所以现在发起真心运动，希望人人都一起以真心来对治妄语、假话。

没有机会的时候，广结善缘，
机会来临的时候，及时掌握。

凡事深思熟虑，有计划，则事半则倍；
凡事轻慢草率，没计划，则事倍功半。

生涯规划

"生涯规划"，这是现代社会、现代人生的一个现代新理念。

现代人，有的人在金钱上规划自己一生的开支；有的人在感情上规划自己一生的成亲、子女，不但对于何时成家立业，甚至所谓"传宗接代"，也都有了长远的规划。

有的人，不但为自己的生涯作规划，甚至对祖先的纪念、对儿孙的未来、对社会的道义，也都做好了自己奉献的规划。当然，也有一些普通的人民，一个月的工资，他只能规划一个月的生活；有的人拿着一天的薪水，只能规划这一天的用度。

有的人，除了规划一日三餐，别无余力规划其他；有的人，只能规划自己的存在，没有力量再去规划别人。因此看起来，在世间做人，能有一个完整的人生规划，实在是不容易。

孔子的"三十而立；四十而不惑；五十而知天命；六十而耳顺；七十而从心所欲不逾矩"，这就是人生的规划。

世界四大文明古国之一的印度，他们把人生规划为：二十岁是自学的人生；四十岁是服务的人生；六十岁是教学的人生；八十岁是云游的人生。

也有的人把人生规划为：三十岁是文学的人生；五十岁是哲学的人生；七十岁是历史的人生。现代社会上的人，则把自己规划为士、农、工、商，各自在自己的领域中发挥所长。

甚至佛教主张的"悲智双运"、"福慧双修"、"行解并重"、"慈悲喜舍"等，也都是生涯规划的依据。例如：口才好的人，可以从事教化工作；擅长文字的人，可以从事文化传播；思想缜密的人，可以从事学术研究；富有慈悲心的人，可以从事社会公益等等。

其实，真正的人生规划是不确定的，各有因缘，有时候实在由不得自己做主。所以，最好的生涯规划是把自己规划成：自觉的人生、自度的人生、利他的人生；在生活中，要有净化的感情，要有善用的金钱，要有德化的处世。能够把"移风易俗"作为自己人生规划的前提，让自己的生命活得有意义、活得有价值，这就是最好的生涯规划。

算账

我们到饭店吃饭，吃完饭要请侍者算账，以便付清饭钱，然后离开。我们居住旅馆，住了一天或数日之后，也请柜台算账；甚至于算账之后，除了应付的账目，还要附加一些小费。我们到百货公司去购物，或是到超级市场买些生活日用，在菜市场买青菜、萝卜，最后也是要算账，应该多少钱一斤，毫不犹豫地付账。账，应该算得清清楚楚，才有信用；账，要算得实实在在，才不会出问题。有些人欠账、赊账、赖账、挂账、居心不肯付账，后果必定是争论不休，难以解决问题。

人与人之间的情感、物质、时间都是有价之值，应该彼此把它计算清楚；如果账目不清，再好的朋友、家人，到最后翻脸不认人，会跟你算账；甚至于黑道的人士，为了恩怨不清，找你算账，那可就招来不必要的麻烦了。

中国有"亲兄弟，明算账"的说法。账，也不一定是钱财；"货品"可以折价，这也是账；"人情债"也是账，例如说："我欠你的人情债太多了。"甚至于情人相恋，到了反目不认账的时候，对方就说："我投资的感情数字实在太多了，我要讨回我的爱情的账。"所以，有的人施恩望报，这就是要算账的；有的人，为你讲话，助你完成事业，他也要跟你算账的；或者他帮你服务，计算时间也是有账的。

现在在一些先进的国家，不但是买卖东西要算账，帮你做事要算账；甚至于律师、会计师、工程师跟你讲话，一个小时多少钱，多少小时加起来共多少钱，都要跟你算账。

有的人，事先都把条件讲好，以免最后一笔算不清楚的糊涂账；有的人，谨慎做人、谨慎交往、谨慎约定、谨慎记账，总会有人赞美他账目清清楚楚。

有的人，心甘情愿地给人欠账；有的人，锱铢必较，如果账目算不清楚，他会跟你永不罢休。

我们的人生，社交来往，都有一本账；我们的道德因果，也有一笔账；我们的事业成败，也有一笔账；我们的衣食住行，都有一笔账。你放账给人吗？还是欠人的账呢？为了平安幸福，你哪能不认真地把"账"算个清楚呢？

老大与大老

家有长子，称为老大；社会有能人，称为老大。敢出头，肯见义勇为的人，被尊为老大；黑道的兄弟，义气为先，也称为老大。

老大，是好，还是不好呢？家庭里的兄弟姊妹多人，称为老大者，要能替小弟、小妹担当风险。但是，有的老大在兄弟姊妹之间，逞强好胜，以老大自居；有的老大，在手足同胞之前，谦让随和，以身典范，促进家庭的和谐美满。

社会上的老大，有的扶助弱小，排难解纷；但也有的老气横秋，自高自大，争功好名，神气十足，以老大自得。在古代，也有黑道的"老大"，疏财仗义，冲锋陷阵，勇往向前。所以，所谓老大者，也有多种。

除了"老大"以外，社会上、邻里间，也有许多的"大老"，例如族之大老、家之大老、友之大老等。能被尊称为大老者，必须要有大老之道。例如：有的人贡献族群，名为族之大老；

有的人勤俭爱家，成为家之大老；有的人以德服人，是为友之大老等。

从文字的意义来看，"大老"比"老大"要来得高尚许多。大老，一般是指年高德劭，行谊足为世人典范者，或者是在团体中学有专精，对团体具有杰出贡献，一旦功成身退后，仍为众人所敬重，甚至在决策层仍能发挥影响力者，被尊为大老。所谓老大，则往往以权，或是因势而在团体中令人顺服，而居于领导地位的人，称为老大。

社会上，凡是有心做老大者，要有牺牲奉献的性格，要有重人轻己的行为；老大不是自以为是，老大要让别人来尊之敬之，才是实至名归的老大。大老，更应该有功于人，有德于人，在众中无私无党，为公为义，始可称为大老。

所以，一个人应该做"大老"，以大老为目标，不要以"老大"为所趋。

心能转境

登山客都有爬山的经验，陡峭的高山，直上很难，必须要迂回转折，才能登上峰顶。所谓"山不转，路转；路不转，人转；人不转，境转；境不转，心转"。心一转，不但山呀、路呀、境界都跟着我们所转；宇宙人生，穷通祸福，也会随着我人的心而转。

心是人体的主宰，迷惑的人生，心可以把它转成智慧的人生；邪见的观念，心可以把它转成正当的见解；愚痴的行为，心可以把它转成明理的风范；颠倒妄想的执着，都可以靠着心念的一转，顿然就是一个开阔明朗的天地。所谓"心能转境"，诚信然也！

现在社会上失业率骤升，主雇之间陷于无奈，一片愁云惨雾迷漫了社会；这时候固然可以从多方面来改进目前的处境，例如因缘可以转境，但是我们的心力，也可以转境。例如，过去是高级干部，现在假如你能放下身段，摆个小摊位，也不是无以谋生；过去是公司的高阶主管，现在可以打些零工，还是能够生存；过去是合格的大学教授，现在可以为青少年儿童做家庭教师；过去是有车阶级，现在转业为出租车司机，也能日有所进；过去是人家求我，现在不妨谦下地求助于人，也会得到对方善意的响应。

如果你现在是一个在校读书的学生，你也可以把学校的老师、同学，转成良师益友；你对他们心存感激，你的心境一转，学校何其壮丽，师生无比和谐，多么美好的学习环境呀！如果你是居家的分子，你心念一转，父母的慈爱，兄弟姊妹的友好，家庭的温馨，饮食的美味；如此一想，就算失业，居家一段时间，也是非常的可贵。

如果你正当被裁员的时候，你应该心平气和地感激长官、雇主，大家好聚好散，不留下任何纠葛，也不拖泥带水；如此风度，虽然是失业，也能峰回路转，人生还是会有另一个桃红柳绿的春天。

唯识家说："三界唯心，万法唯识"，一切苦乐，都是由心所生起。心能转乐为苦，心也能转苦为乐；心中天天有外境的尘劳挂碍，有人情金钱的压力，有欲望烦恼的扰人，自己的心里脆弱，没有正念，没有好心，没有善意，又如何能转境呢？

世间的山河大地，好像是一块大染布，只要我心中有净水，会把人间的染污给予漂白。你心中的平等，可以把世间的差别摆平；你心中有慈悲，世间万物也可以作为你的子弟。假如你有智慧，你可以洞察世间的来龙去脉；你有禅定，你可以安定世间的动乱；你有菩提力量，自然可以处理世间的忧悲得失。总之，你要让世间万物都受你所用，你的心不能随万物而转；只要你心能转境，还有什么苦乐得失不能转的呢？

与我没有关系

一个明哲保身的人，经常为了保护自己，最喜欢说："与我没有关系"！

有人问他一件事，他很怕沾染了是非，赶快说，那件事与我没有关系；问到一个人，他也赶快说，那个人与我没有关系。推托、保持距离，都是可以；但是过分地怕事，凡事与我没有关系，这也不一定正确。

一个不会玩股票的人，股票的涨跌是与我没有关系，但是经济的兴衰，能说与我没有关系吗？政治上的争权夺利，我们不好政治，说与我没有关系，但是政治上的政策好坏，影响民生、社会安全，你能说与我没有关系吗？

美国的总统，中国的领导人，甚至于世界上的国家，任何一个有力量的人，他的一句话，都影响到我们的前途安危，你能说与我没有关系吗？天要下雨了，地要震动了，不但影响到全民的得失，甚至还会影响到我们的生活，你能说与我没有关系吗? 世间的事, 没有一件能与我脱离关系的, 只是程度大小而已。

青少年飙车, 出了车祸, 会影响到我的走路; 罢工罢市, 都影响了我的工作。

一个家族, 各个分子, 大家都是互相有关系的; 一个社团, 各种参与者, 彼此也都是互有关系的。一个政策, 一条法令, 甚至一个人的一句话, 彼此都是息息相关。今天公共汽车停驶, 上班族和学生如果走路, 太辛苦了; 今天报纸不出刊, 明天读报的人就会感到很不习惯。市场里的青菜、萝卜涨价了, 主妇就会连声叫苦; 警察走到你家门口, 你敢说那与我没有关系吗?

佛教说, 诸法因缘生, 宇宙人生, 都是相互关系的存在, 这个世间, 一切都是共业所成、众缘和合, 不能说与我没有关系。我把我的身体照顾好, 我的肠胃体肤受到保护, 我的身体就会健康; 我把我的家人朋友, 都能影响好, 我的家人朋友就能对社会邻里做出贡献。

我关怀社会, 主持正义; 我努力工作, 担负责任; 凡与我相关的, 都因我而更好。不当的习惯, 丑陋的行为, 不好的语言, 不当的吃喝, 因为我所行皆正, 因为都与我有关系, 我都应该影响他们, 怎么可以说世间与我没有关系呢?

重新出发

重新出发，是多么美好的事情啊！

我曾经生过一场大病，现在痊愈了，对一切事业，我可以重新出发；我曾经失败潦倒过，现在我奋斗，略有小成，我就可以重新出发。

过去我没有人缘，不得亲人朋友的喜爱，现在我广结善缘，已有许多同学朋友支持我，我就可以重新出发；过去我不会做人，得罪你、得罪他，现在我已改过迁善，我能以礼待人，别人也肯跟我重修旧好，我已经有本钱可以重新出发。重新出发的人生，有了信心，就有未来成功的希望。

有的人曾经跌倒、骨折、伤残，经过医疗后，他坐着轮椅，满怀信心毅力重新出发，一样可以成功。有的人生不逢时，种植农作物即将收成，却遇到台风暴雨；有的人创业开幕，一场意外，家毁人亡，毁灭了成就。但是，只要信心不倒，重新出发，几年后，你就可以看到他的成就。

　　走在路上，跌倒了，重新再爬起来；开车上路，车子坏了，把它修好，就可以继续向前。考试落榜了，明年再来；选举落选了，下次再来。甚至水灾、火灾、风灾、震灾，毁灭了我们的家园、财产，但毁灭不了我们的信心，只要我们能够重新再来，还怕不能成功吗？

　　傅尼叶本来是一位著名的钢琴家，拥有许多乐迷，可是不幸罹患小儿麻痹症，双腿无力踩踏钢琴踏板，被迫终止演奏生涯。可是他并未因此灰心丧志，反而改以苦练大提琴来重新出发，后来果真凭借着他的信心毅力，成为音乐史上的大提琴巨擘。

　　维特史坦是二十世纪初维也纳极负盛名的钢琴家，却在二次世界大战中不幸被炮弹炸断了右手，但他并未因此向命运之神低头，反而到处恳求作曲家为他谱写能用左手弹奏的乐曲，终于留下了"左手钢琴协奏曲"等脍炙人口的乐章。

　　爱迪生面对工厂失火，所有财产付之一炬，许多人担心他受不了如此打击，没想到第二天他告诉员工："感谢大火没有把我烧毁，却把以前的错误全部烧光，从今天开始，我们重新出发。"

　　人生不如意事，十常八九；自己跌倒要自己爬起来。有人摔倒一次就一蹶不振；有的人却像不倒翁，越挫越勇。如何在摔倒时不消极颓唐，而能积极地重新出发？兹提供四点意见如下：

第一，要以平常心面对逆境。

第二，要以感恩心转化阻力。

第三，要以精进心增加力量。

第四，要以智慧心明了因缘。

人生旅途，只要我们有不断重新出发的毅力，你就是一个别人永远也打不败的不倒翁。

人性的善恶

人性是善的还是恶的呢？自古以来难有定论。

荀子主张：人性是恶的；生来就自私、执着，带着贪瞋痴而来人间为恶，怎么能说是善的呢？孟子主张：人性本善；因为恻隐之心，人皆有之。儒家多少的大儒学者，为了人性是善是恶，不断地争论，到最后人心是善是恶，仍然没有定论。

人性是善的，还是人性是恶的呢？佛教说，一心可善可恶、可恶可善。善恶如同难兄难弟，纠缠一体，但看因缘，有的向善，有的向恶。《大乘起信论》说：一心开二门，心真如门，心生灭门，当中有很深的议论。《华严经》讲：一心具足十法界，每一个生灭，都有善恶的，你的善心升华了，就每天一直往圣人的境界提升、净化、善美、发光；如果你的恶念增加了，黑暗、沉沦、堕落，自毁难免。所以我们在四圣六凡里，起起落落，就看自己的功力把持，在善界长住，还是在凡俗停留呢？

《华严经》说"十法界"：天、人、阿修罗、地狱、恶鬼、畜生，甚至于诸佛、菩萨、声闻、缘觉，此十法界中，每一界都有"十如是"：如是相、如是性、如是体、如是力、如是作、如是因、如是缘、如是果、如是报、如是本末究竟等；因为每一界都有"十如是"，所以"百界千如"，人生的生命善善恶恶，好好坏坏，无始以来，一直纠缠不清。

法华的天台家说，人心之中的善恶，有"性起"说，有"性具"说。避开那许多深奥的学说不论，只谈我们的心，我们的前面有两条路，一条是善道，一条是恶道，我们平常只要自问：我要往善路走，还是要往恶路走呢？往善路，依戒律规范身心，防非止恶，以道德来行事，喜舍布施，造福大众，用佛法净化心念，秉持定慧般若，影响社会，以菩提心照顾世间，化俗向真；只要世人秉持不灭真心，不断努力，总会自我完成自心的圆满法界。

如果你要向恶道行进，则自私、执着、损人利己、侵人利益、犯人所有，所谓恶贯满盈，走到尽头，失去生命的价值。恶道的众生，不都是受着这样的因果吗？我们不必一直去议论人心是善是恶，明明两条路，你还不知道应该如何选择吗？

婴儿时，要重视礼貌的习惯，长大后才能受人喜爱；

年轻时，要学会看书的习惯，年老时才能容易度日；

中年时，要培养修行的习惯，生活中才能懂得去来；

老年时，要懂得保健的习惯，晨昏里才能照顾自己。

与其探究前世的情况，不如把握眼前的因缘；

与其寄望来世的美景，不如耕耘当下的福田。

要服气

父母对儿女唠叨，儿女要服气，你不服气，又怎么办呢? 长官对部下严格要求，部下也要服气，你不服气，又能怎么办呢? 学生对老师的教育要服气，才会进步; 弟子对师长的训诲要服气，才会尊师重道。

在高速公路上，大车戏小车，你若是不服气，就会出车祸; 海关检查、警察临检，你要服气，不服气就会更增加麻烦。天气冷了，必须添加衣服，你不服气，只有着凉生病; 房子漏雨了，花钱修理，你要服气，不服气，不修理，更加不能安住。理发师替你剃头，医生替你打针、开刀，你都要服气，如果你不服气，病不会好，事不能完成。

世事艰难，不能由你随心如意。当意气风发、飞扬的时候，自己可以乘怀顺意; 当世事与人违逆的时候，你必须要服气。交通违规，开罚单处罚时，你要服气; 国家要你缴税，你应该要服气。你长得高大，我长得矮小，只有服气; 你长得美貌，我长得丑陋，我也要服气。你有财富、有势力、有群众，一呼百应，我服气以外，又能如何？

运动场上，输给别人，要服气，下次再来；法院里判决，你输了，只有服气，花钱消灾。服气只是屈服于一时，但做人要争气，争千秋之气。韩信忍受胯下之辱，他服气，不计较一时，终于能够封侯拜相；宋徽宗、宋钦宗被金人所掳北去，宋高宗只得服气，尚能建平安的朝廷于临安；刘邦赴鸿门宴，因为形势不如人，种种的屈辱，就要服气。你不能忍一时之气，哪里能保得百年之身呢？

天要下雨了，台风要来了，你只有早早地准备，对于自己的居家，防漏补强，你要服气，不服气，又怎么办呢？

人生在世，不如意事十常八九，遇到欢喜的事是福气，不欢喜的事要服气；不服气就不能受委屈，不能忍受一时的委屈，又如何争气呢？所以，人不要赌气，更不要生气，只有将来争气，才是胜利的人生。

创造生命力

　　多年前，我们曾发起一项"创造生产力"的运动，一时全社会，男女老少，无不响应号召创造生产，纷纷"增产报国"。

　　当物质生活丰富以后，人民不再满足于外在的物质所带来的快乐，进而要求从内心提升精神生活，创造幸福快乐的人生，所以现在流行的，不只是创造生产力，而是"创造生命力"。

　　所谓生命，到处都有生命。地球有地球的生命，山林有山林的生命，海洋有海洋的生命，自然有自然的生命，社会有社会的生命。即使一棵小花小草，当它从石缝里奋力挣脱出来，展现出它的生命力的时候，真是令人感到生命的伟大与美好。

　　我们成为万物之灵的人类，更是生命具体呈现的杰作。我们的脑海里蕴藏着无限的生命力，我们的手掌里也掌握了无尽的生命力；我们的内心里也有无限的生命力，我们的行住坐卧、语默动静，都是在展现我们的生命力。

所谓生命力，要以一己之生命，创造无限之生命。一架飞机，带着旅客南北东西地飞翔，几千小时、几万小时，一直展现它飞行的生命力；一艘商船，载重几百吨、几千吨，在大海里与风浪搏斗，要把货物载到目的地，都是在展现它航行载重的生命力。

一张桌子，让你使用多时；一件衣服，让你穿着多年，这一切都是在展现各自的生命力。人类号称万物之灵，灵，就是生命力；用，就是生命力；活，就是生命力；动，就是生命力，宇宙之间，哪一样没有生命力呢？

我们肉体的生命力是有限，我们内心的生命力却是无限的；人内心的宝藏，不但有无限的活力，而且含藏真如佛性的能量、能力。这种无形、无相的生命力，不是需要创造的，而是要发掘的喔！

尤其是人，主宰了天地万物，更应该提升自己的生命力，用慈悲心去普及一切，用慈悲力去帮助一切，用因缘助力给予一切，用祈愿祝福维护一切。能够如此，这世界的一切还怕不能生命同体地共同创造幸福与和平吗？

去芜存菁

　　庭院里的花草树木，要灌溉，要施肥，尤其要去除杂草，要修剪荒芜的枝叶，这是园艺工作者最重要的任务。因为花草树木的叶子枯烂了，你不修剪，它会妨碍新芽的生长。一棵果树，果实发育不全，你不去摘除它，细菌会传染给别的果实，破坏了整体的成就。

　　不只是花草园艺要修剪荒芜，人生的道德人格，所行所为，必定也有一些荒芜要加以修剪，才能健全。例如，知识不够，你要充实你的学问常识，要能广学多闻；口才不顺，要能言善道，你要训练你的言语；能力欠缺，你必须发心立愿，才能增加自己前进的动力；人缘不好，你也必须广结善缘，促进人我的关系。

　　妇女早起晨妆，面对镜子，画眉深浅，为了增加妩媚；一个英雄武士，刀枪剑棒，也要经人指点，辛苦磨炼，去芜存菁，才能克敌制胜。厨房里的一盘佳肴烹调出来，多少菜的皮、叶、梗、骨，都要经过拣择；诗书字画的作者，他也是要在许多的作品里，汰沙存金，才能有佳作问世。

所谓去芜存菁，就是要我们有过要改，有功要立；不改过立功，不修剪荒芜，怎能成功？一盆花草，必须修剪，才能美丽动人；一个人的行为，必须具足三千威仪，才有人赞美。

做功德好事，有了企图别人报答、企图奖牌的心，这就是功德好事的荒芜；如果立德行事，心中存有欢喜，对于善名美誉，不足为道，这就是去除人格上的荒芜。

再美好的衣服，上面有了污点，就失去了它的清洁庄严；一园的桃红柳绿，假如有了几根残枝败叶，就会显得荒芜落寞。人的品性道德上如果有了污点，任凭你成就再大，也得不到别人的尊敬。所以，人要不断地修剪生命的荒芜，才能不断地向上、向善、向真、向美的境地迈进。

什么是生命的荒芜？自私、悭吝、固执、顽强、记恨、懒惰等，都是生命里的荒芜。我们要让生命净化，可得用心修剪，让生命的田园百卉争妍、美不胜收，那才是有意义的人生喔！

供养心

在佛教里，要选派一个寺院的住持，所重视的并非能力、才华；当一个住持，最先决的要件，就是要有供养心，有供养心的人才能当选。

确实应该如此！一个寺院的领导人，如果仗着权势，自我养尊处优，自我公物私用，把大众置于脑后，这如何得了？就如同一个国家的领袖，他一定要注重民生问题，民间的经济照顾好，他才能安坐国主的宝位；如果民生发生问题，老百姓绝不会让你一个人独自享受。所以历朝亡国，与民生凋敝不能说不无关系。

说到寺院的四事供养，首先要看全寺大众：一、衣服能保暖否？二、饮食能周全否？三、床具用品能合用否？四、汤药都能调和否？饮食、衣服、卧具、汤药，如果四事不调，四众就不能安心办道。

供养心，如果发自于一个信徒，所谓对三宝要有十供养：香、花、灯、涂、果、茶、食、宝、珠、衣；如果是发自一个弟子，应该要以身、口、意三业来供养。供养心，在修道上是一个重要的制度，现在社会大众也都在提倡供养。例如：做义工的人，他把时间拨出来供养大众；有劳力的人，他把力气提供出来服务别人；有的人有钱财，他把财物分散给大家，救助贫苦；有的人用智慧、说话来给人咨商，解决苦难；有的善于言词，讲学说法来开启大众的愚蒙。这些都是需要有供养心才能做到的事。

所谓供养心，就是一种礼敬。以社会人士来讲，你送我一篮水果，我送你一盒蜜糖；你送我一本图书，我送你一份报纸。所谓礼尚往来，都是彼此供养之意。一个人如果只是接受别人的供养，自我不给人回馈、奉献，久之必然惹人嫌弃。

供养、结缘，这是增进联谊，增加彼此的情意。在诸供养当中，当然以心供养为第一。即使布施财物给人，如果你没有真心诚意，财物也没有价值；就算你把金银财宝捐献给人，如果没有欢喜布施，金银财宝也不是宝贵的东西。

俗云："秀才人情纸一张"；小小的供养，往往会有大大的帮助。但是人之贪心，只想接受别人的给予，养成了坏习惯，不如发起供养的喜舍心：我把我的欢喜布施一份给你共享，我把我的慈悲分一部分跟你共有。我的房屋虽然不能送给你，但欢迎你可以来住一段时间；我的田园虽然不能送给你，但你可以常常来观赏、享有。出家的弟子在舍俗披剃的时候，都会发下供养的弘愿："将此身心奉尘刹，是则名为报佛恩。"身心都能供养了，其他还有什么好计较的呢？

固执己见

一个人，如果戴着有色的眼镜看世界，他以为世界是什么颜色，即使你告诉他真相，他也不会认同，因为他固执己见；一个人，如果从井里窥天，他觉得天很小，如果别人告诉他天空很大，是你所见太小了，他也不肯相信，因为他固执己见，所以不能见到外面的天空。

住在山区的居民，你告诉他，城市的大楼，地下都是用尼龙地毯铺设成的，他没有见过，囿于成见，他不会相信；你告诉他，住在三四十层的高楼里，只要打开水龙头，就有清净的水可以使用，身居乡村茅屋的草民，囿于己见，他也不肯相信，因为他没有见到。

一个固执己见的人，一时失意，你告诉他可以再来一次，他执着说我不行了，他就真的是不行了。一次的失败，他不去研究原因何在，只想到我无法胜利，因为固执己见，他就真的不能成功。

　　孔明六出祁山，死在五丈原，他不灰心复国无望；大禹治水，三过家门而不入，他认为争取时间，终能克竟其功。孙中山十次革命失败，终能成功；王冕屡试进士，四十几岁终能如愿。多少的科学家誓愿发明，不经数十百次的失败，如何能有那么伟大的成就呢？

　　固执己见、墨守成规的人，要不断地改进，例如改过迁善、改错为对，改邪为正，所谓穷则变，变则通，不断地改进，才不断会有新发现。

　　衣服短小了，穿起来不好看，把它改长一点，合身就好看了；桌子长短不适合，把长的改短一些，适中就好用了。

　　香蕉、芒果、荔枝，果实不大，加以品种改良，也都能由小变大。一年收成一次的稻米，品种改良后，可以一年收成两次；番薯、山芋，经过品种改良，成本减低了，收成增加了。可见得固执己见，是没有进步；不断改进，才能不断成长。

　　佛教的真理，就是讲世界会变，人生也会变，在变的里面，可以不断地变好，一个人只要顺着真理，不要固执成见，就能增长智慧，不断进步。过去人类茹毛饮血，如果固执己见，现代还是茹毛饮血；过去物质文化落后，经过不断改进，如今文明才能一日千里。

　　有个瞎子，在经过一条干涸了的小溪，不慎失足掉落桥下，所幸他两手及时抓着桥旁的横木，大喊救命。路人告诉他不要怕，尽管放手，底下便是地面。瞎子不信，抓着横木，仍然大哭大喊，直到力气用尽，失手掉在地面，这时他才相信明眼人说的话，桥下的确没有水，可是自己却无端受了多少的惊吓和辛苦。

固执己见、执着陋习的人，常常就像过河的瞎子，总要吃一些亏，才能学一些乖，真是何苦来哉呢！

无底坑

　　"无底坑"是一个黑洞，见不到底，多少东西放进去，永远不会溢出来。

　　有人说"欲望就是无底深坑"、"欲壑难填"，欲望不就是"无底坑"吗？有人说"昧着良知的黑心肠，就是无底坑"；黑心的人，贪求无厌，不就是"无底坑"吗？

　　所谓"无底坑"，浅显一点说，就是我们每天要吃饭的"口"；"口"就是"无底坑"，不管你米面、杂粮、各种菜肴，每天供输一日三餐，一生一世永远填不满的，实应叫"无底坑"。人，为了供应"无底坑"的需索，每日千辛万苦，总要满足口腹之欲。口腹的深坑，有的时候馋涎欲滴，有的时候觥筹交错，凡是能吃的东西，都会一扫而空。每日烧、煮、烤、炸，无底深坑，不管来路不易，只求满足；不管你食指浩繁，经济艰巨，为了填满它的欲望，你再多的花费、再多的辛苦，它都丝毫不体恤。

　　"无底坑"，如果说很安分地享受饮食之欲，倒也罢了；有时候它饥火中烧，还要出口骂人，骂你没有好的东西供应。甚至有时候信口开河，随便议论，搞得群我关系混乱，不但扰乱到个人身心不安，甚至影响到周边的社会人群。

"口"，这个无底深坑，它不但能吃能喝，有时候大放厥词、挑弄是非，说人家的流言蜚语，造下许多的口业。"病从口入，祸从口出"，这个无底深坑有时还会为自己带来杀身之祸呢？

世界上，为什么会有战争？就是为了无底深坑，为了要吃，不得不战；甚至男女的婚姻，如果没有面包的爱情，可以保持长久吗？你看，这个"无底坑"是多么地难以侍候！

孔子说"非礼勿视、非礼勿听、非礼勿言"，眼、耳都容易顺从，唯有口，鼓动如簧之舌，说东道西、论长道短；一面需索无度，一面又制造祸端，平添自身的困难。

人，用在身上的穿着，是有限的费用；用在眼、耳、鼻、舌上的费用，也是微乎其微；唯有用在"无底坑"的费用，无有限量。所以，我们在世，除了制心于正念之外，就是要把"无底坑"照顾好最为要紧。让"无底坑"不要为了口腹之需，造下很多的杀业；让"无底坑"节约爱物，不要靡费；甚至于让"无底坑"流露出一些善言美语，有益于自己，也有益于人间，那才不负我们终日供应口腹"无底坑"的孝敬了。

找寻快乐

人生是为了快乐才要活下去的，如果痛苦，那么人活着有什么意义呢？

人活着，因为每个人的价值观不同，因此各人所追求的目标也就千差万别。有的人，只想赚钱，他以为金钱里有快乐，但是金钱太多了，可能也是痛苦，所谓"人为财死"，财富有什么快乐呢？有的人认为家庭最快乐，但是家庭里的分子相处不和谐，彼此勾心斗角，家有什么快乐呢？有的人以为爱情里有快乐，所以尽情追求爱情，但是爱恨是难兄难弟，由爱生恨，爱得多深，恨得也有多重，夫妻反目，情侣背叛，多情反而不如无情好。

也有的人醉心于权利，认为权利里有快乐，所以要做官，要竞选，要出人头地，但是，打入大牢，绑赴刑场的高官厚爵，不也很多吗？所谓爬得高，跌得重，权势高位也不尽是快乐啊！

有的人则以事业为快乐，这里开个工厂，那里创个公司，一个集团，二个集团，每天事业的重担，三点半的难关，到处借贷，反而成了一个富有的穷人，哪里有快乐呢？所以，有的人隐居山林，他在山林里找到了快乐，山林里清风明月，与清风明月为伍，反而是他的快乐；有的人找到了淡泊朴素的生活，安分满足，他在清淡满足的生活里找到了快乐；有的人喜好读书，他在古今的书海里，找到自己的安心之道，找到了智慧的泉源，找到了快乐的人生。

有的人觉得本分就是快乐，平安就是快乐，无求就是快乐，善念就是快乐。快乐处处求，其实快乐不是在心外，原来我们的心中就有快乐的宝藏哦！

问飞鸟，为什么要在天空里翱翔？飞鸟说：空中有快乐！问游鱼，为什么要悠游在水里？游鱼说：水里有快乐！问湖泊，为什么要在山林里奔腾？湖泊说：山林里有快乐！问人间，为什么大家要这样东奔西跑，忙碌不堪呢？他说，在人间里广结善缘、造福人群就有快乐！

人生，快乐哪里找呢？信仰里有快乐，修行里有快乐，服务里有快乐，静心里有快乐。只要有心，快乐就在我们的心里！

心锁

  心，好像一道门，可开可关，还可以上锁。心锁打开，心里的是宝藏、是沙石，都可以开采出来；心的宝藏如果锁起来，就莫测高深，别人便无法了解了。

  有的人，心里面想些什么？欲望把它锁起来；感情也把它锁起来；私密也把它锁起来。锁，代自己保管自己所有的东西，不让它随便失去，为别人所得。所以，抽屉要上锁，房门要上锁，保险柜要上锁，心门要上锁。

  各国的海关，都不能让你随便通过，海关像一把锁；海域有时候封锁了，不让你的船只通过；空中航线把它封锁了，不让你的飞机飞过；犯罪的人，铁镣枷锁，让你不能自由。锁，是不自由、不公开、不放行的意思。国家的情报，你要把它封锁好；别人的事情，隐恶扬善，也是封锁的美德。

  重重的关卡，好像每一个人的生命都有它的密码；每个人的生活，也都被它深深地锁住。

　　什么东西被锁了以后，那里面就有秘密；有人问六祖大师"你说的佛法之外，还有秘密否？"六祖大师回答说"密在汝边"。意谓：我的佛法没有上锁的，你心中的锁开了，自能有佛法进来！

　　世间有没有秘密？有人说没有秘密，但是像子孙为宗亲、老祖宗守家传的秘密；过去为了伦理、种族，甚至私生子女都严格地锁住秘密；"赵氏孤儿"的典故，公孙杵臼以子易子，一直守密，多么可歌可泣的、壮烈的守密故事啊！

　　秘密，真的守得住吗？甲告诉乙说"我有一个秘密，我告诉你，你可不能告诉别人"；乙告诉丙说"我有一个秘密，我告诉你，你可不能告诉别人"；辗转不久，所谓"秘密"者，天下皆知啊！

　　在很多的守密当中，都是无可厚非，因为等于是商业机密、业务机密、人事机密、财务机密，只是很多人认为秘方是秘密不传，以致丧失益世的功能，殊为可惜。因此，心锁应是当开则开，当锁则锁，尤其心门要开，所谓"心开意解"，心不开，如何涵容人情义理？

开通理路

　　蛮荒时代，大地一片荒芜，举步落脚，没有道路可行，所以先从乡村邻里，有了错综复杂的阡陌小径；及至人类文明发达，通都大邑，就有了公路、铁路，甚至于船行在海上、飞机飞在空中，所谓海中也有航道，空中也有航道。

　　所以，每一条道路，都能去到我们要到的目标。道路打通了人与人之间的隔阂、国与国之间的闭塞，道路可以沟通全民的来往联谊，因为世界有四通八达的路，所以人间美不胜收。

　　一个人的笑容，就是和人的通路；会说很多种语言，就是有很多种通路；很多的好因好缘，都是人间美好的通路。

　　一个人的身体里，血管就是全身的通路，脉搏就是生命的通路；因为有通路，人的身体才会健康，人的生命才能健全。电器有电器的通路，水管有水管的通路；一个人，头脑也是通路，头脑的通路齐全，做人处事才会理路清楚，道理明白，理路是所有的通渠大道中，最重要的一项。

　　你看，有的人读书很多，知识渊博，但是理路不通；有的人善于言辞，滔滔不绝，但是他只会说，到了待人处世的时候，就没有了理路。有的人创业成功，但是做人的道德失败，因为他的理路不通；有的人只是向前开路，不知道要预备后退的道路；有的人只晓得单行的道路，不知道人与人之间还要有双向往来的双线道路。

　　有人说，口边就是道路，眼睛看的，就是道路，脑筋判断一下，就有道路。其实，道路不一定是土地上的道路，水里的道路，空中的道路；真正的道路，是在我们的心里。我们心中有通天的路，有通往圣贤的路，当然也有通地狱、饿鬼、畜生的崎岖道路。

　　路，是人走出来的。摆在我们心中的，有直线的路，有弯曲的路；有平坦的路，有崎岖的路；有善美的路，有罪恶的路；有光明的路，有黑暗的路。聪明的人儿，你想一想，你究竟要走哪一条路呢！

　　一般人讲开通理路有情理法，所以我们要检查自己，在情感上能有大公无私、升华感情的道路吗？在讲道理的时候，能够四平八稳，让大家都能接受吗？在法治上，你能够公平公正吗？

　　情理法就像道路，如果崎岖，如果弯曲，如果断裂，到了理路不通、情理法不明，那做人处世就困难了。

庆生会

　　每个人每年都有一个小生日，每十年有一个大生日。每逢生日这一天，庆生方式各有不同，有人要出游，有人要宴客，亲朋好友也会送纪念品祝贺。尤其一些有地位、有势利的人，每到生日，贺客盈门，真是招财进宝，不亦乐乎！

　　但是，"庆生会"实在说来这是"母难日"，因为母亲在这一天生养我们，生产时的痛苦、哀嚎，哪里值得我们来庆贺呢？所以现在有人把母难日的"庆生会"，改叫"报恩日"，或集体聚会，称作"报恩会"。

　　不管是母难日也好，报恩日也罢，庆祝生日，应该发挥父教母爱，因为我们的生命是受之于父母，应该以父母为中心。自古有一些贤明的皇帝，为报母恩而在母难日这一天大赦天下，或是邀集天下长者共同庆祝，以示与民同乐。也有一些大财主，选在母难日这一天，施粥赈灾，惠施贫困。

　　现在的人，也有不少佛教徒在父母生日这一天印经送人，或是为父母成立基金会、设置奖学金、开办医院、设立图书馆等。如果没有能力做到这些，至少当父母健在时，应该为父母设想，做一些他们欢喜的事，例如旅行、参访寺院、斋僧宴客；若父母不在，可以邀约亲朋故旧，谈叙父母的懿行，或者出版父母言论的书籍，替父母从事公益，造福社会人群，把父母的德泽遗爱人间，永垂寰宇，并且以此功德回向父母得生净土，这才是生日庆生之道。

庆生祝寿，尤应避免杀生，因为从自己的生日应该想到，天下苍生，甚至一切众生莫不爱惜生命，大家都有生存的权利，所以要护生、助生。若为自己求长生而杀其他生命，于理顺乎！所以求长生不一定得长生；能够护生，才能得长生。

生命的意义，除了肉体上的寿命以外，其实我们更应该努力创造美好的语言寿命、芬芳的道德寿命、显赫的事业寿命、不朽的文化寿命、坚定的信仰寿命、清净的智慧寿命、恒久的功德寿命、互存的共生寿命，这才是善于体会生命的人，这才是真正善于祝寿庆生的人。

突破与看破

　　做事要有勇气突破一切的困难与障碍，才能有所成就；如果没有积极突破困难的勇气，那只有消极地看破。既不积极突破，又不能消极看破，那又该怎么办呢？

　　一对情侣彼此相爱，但是他们遵守礼法，谁也不敢先表达爱意。时光悠悠，岁月流逝，因缘就此有了变化，女方奉父母之命远嫁他方，男方青年闻讯，捶胸顿足，懊悔不已，怨恨自己没有勇气突破心中的怯懦，勇敢地向女方表达爱意。数十年后，二人相见，女方谈到当初等他表达的焦急心情，为什么他不肯先示意呢？男士表示懊悔不已，女方只有告诉他：当初既然没有突破的勇气，现在也只有消极地看破了。

　　世间的功名富贵，人人想要，但是你能积极地突破困难、障碍，勇往向前吗？世界上一切美好的希望、成功，都是属于肯突破的勇者所有，如果无法突破，何妨从放下里也能找到很多的因缘与乐趣喔·

严子陵与刘秀是同学，论聪明才智，仪表风度，严子陵都远胜于刘秀。二人共同爱慕美丽的女同学阴丽华，但是命运不同，后来刘秀当了皇帝，阴丽华成了刘秀的后妃，但是严子陵仍东南西北号召有才能的奇人异士辅佐刘秀。当刘秀晏驾以后，严子陵到刘秀的灵前祭祀时说：政治上你是胜利者，我是失败者，爱情上你是胜利者，我也是失败者，但是胜利者也好，失败者也好，最后都是黄土一抔。

严子陵真不愧是一个隐士，因缘既不能积极地突破，就应该消极地看破，也不失其人生之乐啊！

世间各行各业，军政专家，科技学者，都应该积极地突破智慧、突破环境、突破人事、突破障碍，勇往直前，或许能开创出另一番天地。如果没有突破的勇气，只是随缘浮沉，只有消极地看破了。

突破的人生是向前进的，看破的人生是向后退的。当然，前面有前面的世界，后面有后面的世界，可是心里总要心甘情愿地接受一个愿意向前，或者愿意后退的世界，否则身心如何安顿呢？

屈伸自如

　　某位居士的夫人悭吝不舍，对于社会的任何善举，从不响应，丈夫请默仙禅师给予开导。禅师至其家中，见到女主人，即刻伸开手掌，问曰：“我的手，经常如此，不能收缩，如何？”夫人曰：“这是畸形！”禅师又再把手合起来，问道：“如果每天只是紧握而伸不开，如何？”夫人曰：“这也是畸形！”禅师说：“自己不爱惜东西，全部给人，这是畸形；自己对金钱紧握不放，一文不舍，这也是畸形！”

　　禅师说后，即刻告辞而去。某居士的夫人这才知道，自己平时不肯为世间乐善好施，原来是一个畸形的人生。

　　世间确实有不少的人乐于助人，自己不接受别人的善意，这虽不是沽名钓誉，但也是不正常的畸形；一个人如果只想接受别人的赏赐，自己不肯回馈社会大众，所谓一毛不拔、一钱不舍，这也是畸形。

　　佛教讲“结缘”，人给我，我给人，都是同等的重要。所谓

"财法二施，等无差别。"如果我们接受别人的，自当滴水之恩，涌泉以报；如果我们布施给人，也要感谢对方给我有个与你结缘的机会。能够有来有去，有去有来；收受同等，屈伸自如，这才是应有的行为。

语云："大丈夫能屈能伸"；真正懂得财物的人，能给能舍，能舍能受。就如一个人，四肢屈伸自如，才会舒服；睡觉的时候，能够左右翻身，才能安眠入睡。如果只能屈不能伸，或是只能伸，不能屈，当然就是畸形。所以对于财物要能"舍得"；能舍才能得，有得也要能舍。我们个人的财富本来就是取之于社会，当然也要用之于社会；能够懂得将个人之财，化为大众团体所共享，这才是富有的人生。

"屈伸自如"不仅是物用之道、养生之道，也是人际往来之道。人生的前途，当遇到困难挫折时，你要懂得转弯、变通，所谓"穷则变，变则通"。当汽车驶进了死巷，你怎能不转弯呢？当在人前应该表示自尊的时候，你要抬头挺胸，以示正直；当应该对人谦虚时，你也要低头屈身，以表示尊敬。如果只知道昂首阔步，不会曲躬弯身，不会受人欢迎；如果只知一味地卑躬屈膝，不能自持自重，也会被人轻视。所以，一个人当直、当屈、当进、当退，能够屈伸自如，这才是最好的处世之道。

学历的迷思

　　学历重要不重要? 学历重要! 因为东西的轻重要用磅来秤, 东西的长短要用尺来量; 一个人有没有学问, 只有用学历来测量。

　　学历不是绝对的, 有的人硕士、博士毕业, 连个中学生都不如; 有的人小学毕业, 却成为大学教授。例如王云五、钱穆、黄海岱、齐白石、张大千等人, 他们并非以学历取胜, 而是凭着实力在各个领域里大放异彩, 所以一个人与其重学历, 不如重学力。今天社会上, 有学力而没有学历的人, 不胜枚举, 希望教育界不要再抱残守缺, 不要执着成规, 应该让人尽其才, 物尽其用, 不要被既定的政策所限。假如你一定要以学历为重的话, 那么古来圣贤如佛陀、耶稣、苏格拉底, 他们是什么学校毕业? 庄子、孔子、孟子, 他们又是什么学校毕业? 惠能、朱熹, 他们是哪个大学毕业? 其他如唐宋八大家, 他们虽然不是博士、硕士, 但他们不都是文章千古事, 一直为后人所崇拜吗?

当初远古时代并无学校，反而出了许多的思想家、教育人才，请问今日学校林立，我们的人才又在哪里呢？曾经有一度，"教育部"开放让许多学有专长而没有学历的人士进入大学教书，希望社会能对此广为宣扬、倡导，成为落实的政策，则教育幸甚。

张其昀先生，不愧是一个伟大的教育行政长官。在他卸任"部长"之后，创办了"中国文化大学"，任用许多黑牌大学教授，成就了很多博学人才。尤其当初三毛女士只是报名入学，并未实际就读，张其昀先生不但颁发证书给他，并且召集全校师生讲话，他说："今日三毛女士并不以'中国文化大学'为荣，而'中国文化大学'将以三毛为荣。"

胡适之、傅斯年也都是伟大的教育家，尤其胡适之先生提倡"新文化运动"，对社会风气、人文思想造成诸多改变，所谓"大胆假设，小心求证"，成为教育学上金科玉律的理论。傅斯年先生主持"台湾大学"校政虽然只有极短的时间，但是他对新思想的提倡，对学生的爱护，处处都为台湾地区的大学开创出一番新天地。

《史记》的作者司马迁，他有读过大学吗？编纂《四库全书》的纪晓岚，你说当时有哪一位老师能以《四库全书》来教授他呢？元曲、宋词、明清小说，如曹雪芹、罗贯中等，他们又是哪个学校的硕、博士呢？

中国人是一个很聪明的民族，希望教育长官不要再用框框来框住中国人的思想，所谓填鸭式的教育不一定就是一成不可改动的，希望教育官员们三思！

困境

　　困境，大自国家、社团，小至家庭、个人，常常会发生困境问题。政治人物有政治人物的困境，教师有教师的困境，生意人有商业困境的问题，甚至老病的困境、家庭的困境、失业的困境、医疗的困境，几乎无人、无处、无日没有困境。

　　社会目前就有经济的困境、失业的困境、弃土的困境、人口的困境、饮水的困境、用电的困境、外交的困境等，要把这许多的困境一一解决，需要投下人力、财力、物力以外，最主要的是智力。

　　如何解决国家、社会、大众的困境，兹提供意见如下：

　　一、要公而无私。有时困境是来自于某些人的私心作祟，把问题跟私人的利害结合在一起，失去了公正、公开、公平的原则，所以难以解决。现在要解决困境，非得从"公而无私"做起，始能克竟其功。

　　二、要平等无差。在困境里面，必定牵涉到许多的人事问题，如果没有平等待遇，仍然让大家的利害差距过远，当然困境就无法突破。

三、要寻根探源。困境产生了，光是在结果上找不出解决的办法，必须把困境的原因、根由找到以后，应对症下药，困境自然迎刃而解。

四、要共商解决。既是困境，就不是一个人的能力所能解决，此时要虚心，相约有关人士，共商解决之道。

五、要自我谦虚。困境总是因为自我的执着，自我的傲慢，所以才把困境弄得难以处理。如果能用谦虚的态度，不在人情上计较、比较，困境自然化解。

六、要开放言论。困境必然是问题久已积聚，慢慢走入胡同，是一个死角、死结，解不开。如果国家、团体、个人遇到困难时，能开放言论，让大家表达意见，三个臭皮匠，必定能胜过诸葛亮。

七、要大众互惠。困境所以产生，必然是有少部分人得益，而多数人没有机会，所以多数人杯葛少数人，因此产生困境。假如一个事业面临困境时，能把利益与人分享，能够大众互惠，必能解决困境。

八、要观摩各方。困境产生了，不管是交通问题、教育问题，或是经济、外交、内政等问题，都可以到国外参访，透过各方的观摩学习，寻求解决困境之方，必然解困有道。

有的人长于解决困境，有的人稍有困境就显得手忙脚乱。

解决困境，一向大公无私的人，必然容易解决；有民主雅量的人，也容易迎刃而解；有"皆大欢喜"性格的人，也不怕困境难以解决。

你有困境吗？上列办法不妨一试。

千里马

你是千里马吗? 当然! 每一个人都想做千里马, 但事实上, 千里马不是那么容易做的呀!

在万马奔腾中, 你也难发现谁是千里马; 就算是千里马, 给其他的劣马挡住去路, 阻碍前途, 千里马也冲不上前去。因此在一大群马匹中, 千里马要以它生来的神力、速度、性格、承担、负责, 超越群马, 才能成为千里马。

假如自己是千里马, 你会慨叹: "伯乐难求也"。诚如韩愈说: "世之千里马常有, 伯乐不常有。" 我们世间的伯乐在哪里呢? 今日带你往前奔跑的长者, 已经很少了, 为你表扬, 为你鼓吹的领导, 更不多见; 踢你一脚, 勾你一腿的主管, 倒是常有。谁是伯乐, 不易见也。

假如你是千里马, 怀才不遇, 不要悲叹; 千里马是被人赏识出来的, 你也可以做出一番功业, 让人来发觉你是千里马, 不也是一样吗?

　　中国俗语说："三百六十行，行行出状元"。社会上的每一个行业，其实都有千里马。教育界擅长于教授的，那不是千里马吗？书画界有特殊造诣的，那不是千里马吗？信息界有特殊技能的，那不是千里马吗？工商界有特别贡献的，那不是千里马吗？水利专家，农业改良，桥梁工程，道路河川，科学园，原子炉，不都是千里马在那里发挥吗？

　　事实上，今日的社会，千里马充斥在各行各业，各行各业也任由千里马驰骋、奔腾；一直自怨自艾，慨叹生不逢时，不能得遇伯乐的千里马，自己可以三思，我是千里马吗？

　　人，也不一定要做千里马，人人都是千里马，那么劣马是谁呢？孙中山先生说：要做大事，不要做大官。一粒沙石，可以掺在水泥中，成就一栋大楼；一朵小花，开在万绿丛中，也是鲜艳无比。一颗螺丝钉，也可能会帮助一部大机器的运转；一根毫毛，也会帮助我们人体呼吸哦！

　　人，不要羡慕千里马，也不要慨叹自己小不中用，千里马有千里马的发挥，小花小草也有小花小草的作用。人生的舞台，男主角、女主角固然有人鼓掌、欢呼、喝彩，假如没有我们跑龙套的扛起大伞，又何能衬托出男女主角？又何能成就这一台戏呢？

　　手指伸出来，有长有短，长的也不一定是大用，短的也不见得是无用。在什么时候，在什么地方，看我们各显神通，那就是千里马了。

硬件与软件

现代的科学发明带来许多新名词，在计算机科技的世界里，有所谓硬件与软件，兹申其意如下：

硬件是有形有相，是看得见、摸得着的物质体相；软件是无形无相，看不到、摸不着的精神力用。例如一栋房子，钢筋水泥建造出来的外观是硬件，里面的装潢、设备，如何让人住得舒适，又感觉赏心悦目，甚至住在里面的成员，如何共同营造出家的感觉，让它散发出温馨和乐的气氛，这就是软件备配的功能。

父母生养儿女的色身，这是硬件，如何教育他知书达理，懂礼貌，有思想、有智慧、有学问、有道德，这就有待软件的充实了。

一所大学，尽管校园广阔、校舍林立、图书充栋，这都只是硬件设备；更重要的，师资的健全、校风的树立，以及学生的素质、学术的研究、师生的互动等，这些软件配备齐全，才能成为一所优良的学府。

一间医院，美轮美奂的院舍、高科技的医疗器材，这是硬件建设；医护人员的医术、医德，这些软件性能好坏，才是医院的生命所在。

一条高速公路，有了平整宽广的车道，这是硬件设施；如何建构交通网络，让车辆行驶其间既安全舒适，又能沟通全国，达到四通八达，无所阻碍的整体规划，这是软件建设。

一架飞机，里面的软件设备可能比硬件价值更高；一艘军舰，软件必然胜过造舰的价值。制造硬件有一定的成本，软件则是无限的投资，所以一般人只重视硬设备，而忽略软件的内涵，其价值必然减低。

一部汽车，纵使是贵为进口的奔驰、劳斯莱斯，虽有一等的引擎、零件等硬设备，但是如果驾驶人员不守交通规则，没有好的软件，也显不出硬件的功用与价值。

硬件是躯壳，软件是灵魂；硬件是静态的，软件是动力；硬件是死的，软件是活的。因为硬件是体积，软件是活用；硬件容易制造，而软件是精神，要让它达到真、善、美的境界，比较困难。有了硬件建设，必须要软件来发挥功用；而软件的功用，也必须依附硬件的设备。硬件与软件其实是要相互为用，例如一台计算机，有了主机与网线等硬件架设，再配上软件程序，才能E-mail，才能发挥无远弗届的传输功能。

再如一只电灯，也是要借助乌丝、灯泡、电线等硬件，才能发光、发亮。所以有了硬件,软件才能呈现功用;有了软件,硬件才有生命。

　　一个国家,经济、国防、交通等建设是硬件;自由、民主、开放,乃至人民的守法有礼、互助友爱,这就是他的软件。

　　亲爱的朋友们,我们每一个人都是硬件与软件,我们要想做一个健全的人,一定要有实用的硬件,更要有活用的软件。两者相辅相成,才能发挥大用哦!

一颗种子

不要小看"一颗种子"，植物所以繁衍，生生不息，就是靠一颗种子。你看，一颗小小的尼拘陀树的种子，你把它播种到土壤里，长大以后，它就可以结出成千上万的果实。

不要以为一颗种子不重要，宇宙间的植物，都是靠着种子而繁荣，如果宇宙之大没有种子作为本源来繁衍成长，就没有办法开花结果。当然，种子有好有坏，好的种子品质高，成长好；有的种子品质坏，成长情况自然不理想，所以农夫耕种都要选好的种子。

现代的农业植物专家，透过接枝接种的技术来改良品种。接枝接种都要选择优良的品种，甚至动物交配，也要讲究品种的优劣，男女结婚，也要先做健康检查，这都是重视"优生学"，重视后代的成长。

从一颗种子可以改变世界，我们就可以知道，每做一件事，每起一个念头，每说一句话，我们不要以为是很小的事情。

报载，在北京的一只蝴蝶翅膀振动一下，就可以掀动欧洲的空气；牵一发而动全身，一滴水就可以流入三江四海之内。一颗石子投入大海里，它就可以振动五洲七洋，所以"莫以小善而不为，莫以小恶而为之"，这都是"一颗种子"的原理，不能大意。

两千多年前，佛教的高僧大德从印度来华，他们携带了一些种子，今天中国的胡桃、胡椒、胡瓜、胡麻等，这些"胡"的品种，不都是当初佛教携来的一颗种子，而今才得以在中国繁衍不已的吗？

"一花一世界，一叶一如来"；一不是少，万不是多，即使是道家也说："一生二，二生三，三生万物。"从"一颗种子"，想到世界上的"一"，实在是一个奇妙的数字；一颗种子，一朵花，一棵树，一座山，一个国家，一个世界，一个虚空，可是这个一，里面包含了无限。所以一等于种子一样，可小可大，可多可少，可一也可无限。

我们种植，从一颗种子开始；我们布施，从一块钱开始；我们说话，从一句善语开始；我们做事，从一件善事开始，我们有了这许多善美的"一"的因缘，还怕我们的未来没有无限美好的果实吗？

诗云："三宝门中福好修，一文施舍万文收；且看当初梁武帝，曾施一笠管山河。"一颗种子，一个善念，就是"一"，切莫小视喔！

用餐时间

现在的社会，分秒必争，连用餐时间都要一边吃饭一边办事，例如身为主管的人，利用早餐听取秘书报告：今日该会哪些客户，该出席哪些会议，该批阅哪些公文，该回复哪些电话，或是交代秘书该办哪些事情。午餐时间，不是与客户应酬，就是电话洽谈生意；到了晚上，终于可以利用晚餐与家人团聚，或与知心朋友聚餐。但是，有的人连晚餐都是应酬不断，所以现在许多工商界人士，彼此道别、约会，经常都说：午餐再见；或说：晚上餐桌上见。

用餐时间，尤其是早餐时刻，因为工作不断，接洽不停，因此这一天的情绪，往往随着各处报告的好与不好，随着外面的喜乐忧愁，情绪也跟着起伏不定。一个不如意，饭菜一推，不吃了；甚至听了不想听的话，一整天心情郁郁寡欢，整日情绪都提振不起来。

有的人在早餐时间解决了许多问题，觉得无比的轻松自在。中饭时间，如果各种大小事情都能及时处理妥当，中餐自然吃得逍遥自在；如果还有事情有待解决、疏通，则中餐就会吃得沉重无比。

晚餐时间虽与家人团聚，如果家人相互友爱包容，讲些幽默笑话，其乐融融，自然比赚钱、升官发财还要令人高兴；但有时家人之间关系不融洽，或是有人报忧不报喜，让家中充满凝重气氛，也就难怪有人愿意在外流连而不愿意回家吃晚饭了。

现代人工作忙碌，不得不利用用餐时间经办许多事情，从早餐开始，电话不断，报纸新闻，造成心情随着外境起伏，食不知味；及至午餐，本应好好吃饭，但是也被工作、舆论、是非，搞得难以开心，晚餐也因家中琐事，多少影响食欲，造成消化不良，罹患胃溃疡。

吃饭本来应该保持愉快心情，同时要定时定量；但是今人不但用餐时间心情沉重，而且三餐不定，或是吃得太咸，口味太重，让心脏负荷太重，肾脏功能受损，这都违反保健之道。

佛教讲：早上粥有十利，中午酥陀妙味，晚餐应作药石想；这都是健康的饮食之道。尤其吃饭最好只吃七分饱，饭后常跑跑，而且早餐要吃得好，午餐要吃得饱，晚餐要吃得少，这才是健康的饮食之道。

身体的健康，要靠平时的维护；用餐时间是一大要素，能不重视乎！

生命的字典

你查过"生命字典"吗？你知道什么是"生命字典"吗？其实我们自呱呱坠地，一直到我们告别世间，这就是我们的一部"生命字典"。

"生命字典"也不只是某一个人的，古今中外，每一个人都有他的一本"生命字典"；"生命字典"也不光只是记录我们的一生，可以说从久远的过去，一直到无限的未来，自己的功过、善恶，所做所言，所思所想，都可以在"生命字典"里查阅清楚。

法国的拿破仑说，他的字典里没有"难"字；苏格拉底的字典里没有"苦"字，所以他们都能垂范后世。

政客的字典里只有权势，忠臣的字典里只有国家，商人的字典里只有金钱，热恋中的爱侣字典里只有所爱，父母的字典里只有儿女，佛菩萨的字典里只有众生。这许多的字典，有的内容丰富，多彩多姿，可以供人查阅；有的乏善可陈，不堪一读。

字典也有许多的分类，如现在的医学、科学、哲学、天文、地理等，分门别类；其实世间芸芸众生，应该也有分类，有忠臣，有孝子，有名将，有懦夫，有君子，有小人。

我们每个人的人生，在生理细胞的分解过程里，在我们的精神慧命里，也有许多充实的语汇，例如：有的人的生命字典里，慈悲即占去了字典的一半篇幅；有的人的生命字典里，则是字里行间无不洋溢着智慧的芬芳。

字典是无言的老师，字典是我们一生的总结，字典是我们的成果展。一部好的字典，对国家、对父母、对自己都要能有所交代，所以我们要用愿心、用慈悲、用智慧、用理想、用抱负来编写我们的生命字典。

我们的生命字典里，要不断创造出许多激励人心、有益社会人心的名词，例如我们要让生命的字典里充满了服务热心、为国奉献、造福乡梓、社区典范、孝行楷模、温柔敦厚、笃行诚实、勤俭朴实、尊重包容、欢喜融和、品德芬芳、精进不息等，让我们的生命字典都能流芳千古，永远为人所乐于翻阅、传颂。

畏己

美国发生九一一不幸暴力事件后，全美上下一致，团结一心，从退任总统、参议员，到老百姓，无一不齐心合力为未来的美国奉献打拼，所以有人赞叹美国是一个优秀的民族，因为他们"敬天畏人"。相反的，中国台湾北部地区发生九一七纳莉台风引起巨大水灾，人民却互相责骂，指责各单位，实在说，有失于宽厚。

过去帝王国难之际有下诏罪己者，现在到了民主时代，应该人人当家作主，大家应共同表达罪己之意。每个人都应该问自己："自己所说的语言全是对的吗？自己所做的行为全是对的吗？自己所思所念全是对的吗？"假如自己的身、口、意有所差错，就不应该完全责备别人，应该要责备自己，因为自己是最可怕的。

我们滥砍山林、我们挖掘河川、我们乱丢垃圾、我们制造脏乱、我们乱排污水、乱停车辆、制造喧哗噪音、不顾大体、无视于公众……这一切一切，我们自己该责罚还是不该责罚？我们是有罪还是无罪？我们不但要敬天畏人，更要敬天畏世，在谴责别人之际，尤重反省责己：难道世界上一切罪恶都与我们无关吗？

我们看电视和电台的"叩应"节目，大家因为到处淹水，因而发出一片对政府挞伐之声，台湾一有灾害，人民就先怪罪官员，此举实有失厚道之过。

一个优秀的民族，遇到天灾地变，应该团结一心，共赴国难，不该骂来骂去，互相责怪，这种劣根性的民族，必须重新教育，才能与未来世界竞争。常言："责人之心责己，恕己之心恕人。"往日丛林的修道者，所说的话非常值得大家学习，例如："学人无知，没有洞察先机"；"弟子惭愧，请长者多多指导"；"末职苦恼无能，未曾尽责为常住奉献心力"。由于这些美好的语言，而带来一片祥和之气。即使事情做到圆满，也说"些微贡献，不值赞美"或"当更尽心，为众出力"。秉怀这种同甘共苦的决心，以鼓励代替责备，以善言化解干戈，所以佛门教育毕竟值得社会学习。

我们看见儿童在父母跟前认错道歉，一副楚楚可怜的模样，父母哪能不心软呢？假若夫妻一方认错言和，何来家庭纠纷；街巷邻里，大家都互相点头招呼，赞美说好，社会的纲常纪律那会败坏如此。纵有国难天灾，如果政府爱民，人民敬官，即使风雨，也会感觉到风雨中的祥和与温馨。

　　看到各地灾区那些救难人员舍己救人，不禁让人肃然起敬，怎么听不到赞叹的声音呢？

　　曾子说："吾日三省吾身。"我们各自反省自己，责备自己，敬天畏人，尤应畏己，才能创造美好和平的现代国家。

职业之外

　　社会上流行着人人要有一份职业，因为有了职业之后，就算为社会从事正当的工作，每月也有一份正常的待遇，可以维持生活，权利义务之间，觉得这已经是正常的人生了。

　　其实，人生在世，以工作赚取金钱维持生活，把职业定义如此，则与牛马猪狗又有何分别呢？牛的职业是耕田拉车，马的工作是作战驮人，狗的任务是看家顾门，猫的使命是捕捉老鼠。因此主人饲养它，给它一份饮食，维持生活，也享有权利义务。

　　但是，职业都是从经济上着眼，难道人活在世上，只有经济上的职业价值吗？职业之外，人其实还应该要有德业、道业、学业、家业、志业、行业、心业等，所以我们在职业之外，不能不考虑到其他的事业与心业。

　　自己的学业不健全，能力不足，纵能找到一份职业，也不是重要的职业；道业、德业不健全，人品不高，德望不够，也是只能做一些劳力的工作。所以有人会批评说：那不是一份高尚的职业，那不是一份正当的职业。

家庭里的分子，各有各的职业，甚至为了职业，兄弟姊妹，东分西散，不能团聚。假如有一份家业，虽然为人批评是家族企业，但是家族的事业，只要人人具有道业、德业，所谓"兄弟同心，利能断金"，这家族事业的发展，一样可以为社会大众创造福利。

职业，有人事与愿违，虽有事业，但不合自己的志趣；因为所做与自己的志趣不合，所以每天总想着要更换一个新的工作。现在虽然士农工商，甚至还有新兴的许多行业，如计算机信息网络、大众传播、医药、旅游、服务业等，但是不合兴趣，不合志业的工作，从事起来，枯燥乏味，实在辛苦。

其实这许多事业，都还只是有形的，更有一些职业与"行业"及"心业"有相当重要的关系，甚至与未来有密切的因果关系，这就不能不慎重其事了。例如身为医生，这是一份职业，也是自己的志趣所在，但是你服务的品质，把人救活了，当然有功德，误诊误断，丧失人命，则有罪业，所以不是有了欢喜的职业就算了，另外还有行业、心业，最后它们都会来为你结算总账。

再如传播媒体，报道社会时事百态，有的隐善扬恶，揭人阴私，丧人名节，误报误传；职业之外，行业的账目可就很难算得清楚了。

世间行业，贪瞋愚痴，杀盗邪淫，罪业是一时的，行为和结

惟鼎可知尚峰
肯仞以家立晴
川一帘百里涯
山房武肯高士
隐胡鄰牧火隨
民星一口之系木
为少三口子稅惟
雲時楳来饶事
黄尉蓁是圈弓
補周人稿
尚頻

为人处事在遇到困境、瓶颈时，要能如「水」：

遇山水转，遇石水转，遇岸水转，无论遇到谁，

我转。在人生旅程上，何妨委屈婉转，

流出自己独特的流域，流出自己理想的曲线。

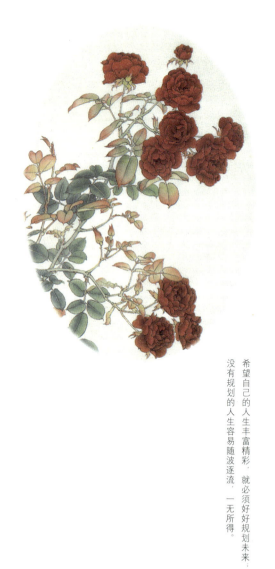

希望自己的人生丰富精彩，就必须好好规划未来；没有规划的人生容易随波逐流，一无所得。

果很容易相等地有个交代。但是媒体的行业，因为有的文字影响年代久远，影响人数众多，牵连广泛，心业之重，恐怕就要长期偿还了。

职业，人人需要，但是正当的职业要考虑他是否违反道业和德业，不是只为现在赚钱维生就算了。因为每一种职业，都与道业和德业有关，甚至将来还有一个行业，行业更与善业、恶业、引业、满业、自业、共业，都有相当重要的关系。因此职业不只是职业，职业之外，行业的因果业报，可不慎乎！

生活教育

我们到世间来，最重要的大事，就是要受教育。

谈到教育，有家庭教育、学校教育、社会教育、人文教育、科技教育、美学教育、体能教育、道德教育等。其中最重要的是生活教育。

什么是生活教育？衣食住行是生活教育，行立坐卧是生活教育，家居人伦是生活教育，社会人际是生活教育，行为谈吐是生活教育，进退行止是生活教育。但是今日的学校教育大都只是重视知识的传授，忽视了生活的教育，甚为可悲！

你看，饱读诗书的青年学子，已经高中、大学毕业了，你叫他倒茶，他不会倒茶；你叫他扫地，他不会扫地。如果客人来了，连煮一碗面，炒个热饭请客人，他都不知道如何下手。见到人了，如何称呼他，如何慰问他，也是一无所知。

现在的青年，对于自己的生理，一无所知；对于健康保健常识，一无所知；对于社会礼仪，一无所知；对于人际往来，一

无所知。没有生活教育，对一个青年的前途来说，影响实在是
至大至深。

　　追根究底，症结所在，因为现在的父母不以生活教育子
女，致使子女只晓得看电视，打计算机，不知道如何生活。这是
爱他，还是害他呢？眼前看起来是爱他，实际上将来进入社会
毫无生活能力，才知道其实是害了他！

　　父母平时不但要把扫地、洗碗、煮饭的技能教给子女，并
且还要教他学会雨天、夜晚，甚至战争、风灾、震灾，乃至在野
外时如何求生，如何无具炊事等。这些求生存的本领是基本生
活之要，如果不给予加强教育，又怎能应付未来的人生呢？

　　儒家对于人的教育，所谓"非礼勿视，非礼勿听，非礼勿
言。"朱镕基先生的儿子，一日从垃圾筒捡回一样东西，朱镕基
知道后，即刻要儿子把东西送回原处，因为"非礼勿取"，这就
是生活教育。

　　美国总统华盛顿，他把樱桃树砍倒了。虽然犯过，但因诚
实认错，父母仍然给予嘉许；威尔逊在大雪纷飞的日子，仍然背
起书包，冒着风雪前往学校。虽然到校后空无一人，其实这是
父母给他的生活教育，让他从小就知道勤奋向学，不可借故偷
懒。

　　明理的父母，发现儿女讲错话，冒犯了别人，即刻带着儿女
向邻居致歉，毫不护短。对儿童的人格教育，宁可委屈一时，也
要他将来有健全的道德、思想。现在"教育救国"的呼声响彻

云霄，其实一个国民要有良好的生活品质，将来才能养成健全的人格，所以生活教育其实才是最值得提倡与重视的喔！

处理问题

　　有能力的人善于处理问题；没有能力的人面临问题就手足无措。人生每天都要面对很多问题，早上睁开眼睛，就有早餐问题、电话问题、上班问题、会议问题、金钱问题，以及与哪些人士有待商榷的问题。可以说，好的、坏的问题一大堆，你有展现你的智慧，提供一些解决问题的办法吗？

　　有的人很怕问题，甚至躲避问题、拖延问题，让问题延伸，愈来愈难解决，所以做主管的人一定要能帮助属下解决问题。一个主管对问题唯唯诺诺，让问题存在，这必然不受部下欢迎；有的主管拖延问题，不给予解决，这也是让属下感觉为难。

　　军中曾经流行两句话："讲清楚，说明白"，倒不失为解决问题的好办法。面对问题，能够讲清楚、说明白、即使一时不能实施，也要让你明白，获得你的谅解。

具备处理问题的能力，是现代人生存的重要条件。兹提供你处理问题的办法数则如下：

一、不要扩大问题。中国的哲学有所谓"大事化小事，小事化无事"；能把不必要的问题轻轻带过，问题自能消弭于无形。

二、不要低估问题。有的问题具有严重性，你不可以低估，尤其牵涉到人事、金钱、是非的问题，一定要注意处理。

三、不要隐藏问题。问题来了，要面对现实，要提出解决问题的第一案、第二案、第三案，不要隐藏问题。

四、不要复杂问题。有了问题，要让它单纯化，不能使其复杂化；既有问题，又把别的问题混杂不清，只有更加复杂化。

五、不要模糊问题。要看清问题的来龙去脉，就着问题的症结提出解决之道，不要模糊了问题的焦点；问题模糊了，解决的方法再好，也无济于事。

六、不要两面看问题。做人有做两面人，处理问题不能有双重标准，要统一解决，以免日后再滋生问题。

七、不要制造问题。没有问题最好，有了问题总是麻烦，有人消灭问题，但有人本来没有问题，又再制造问题，所以能干的人不要制造问题。

八、不要执着问题。问题来了，有许多不同的看法与解决之道，重要的是不能执着，要让问题从心上完全排除，这才是根本的解决之道。

　　总之，处理问题要站在对方的立场设想，不要让对方吃亏，这才是解决问题的高手。

人生第二春

　　有的地方，稻谷每年只收一季，但是经过研究改良，现在的稻米一年可收两季；人生，过去认为青年期是人生的春天，但是经过现在医学保健，人生也应该有第二春。

　　人生的第一个春天，年轻力壮，有理想，有热情，有希望，有未来，有无比的信心，有无限的活力，就好像春天欣欣向荣，万物生长。在人生的春天里，洋溢着温暖的气候，透露着宇宙的生机，所以人人都应珍惜自己的春天。

　　但是，数十年后，年龄老了，工作退休了，人情练达了，意志消沉了，就好像岁末寒冬。其实，如果经过研讨，不管男女，必然每个人都会拥有人生的第二个春天。

　　春天不是气候，是在人和；年龄不是岁数，是在活力。现在五六十岁的人生，在公务上退休了，但那只是工作，实际上正是自己的黄金岁月，活力的春天，在这个年龄正可以更有一番作为。因为年龄大了，老马识途，在工作上不像初学者需要去实习、见习，也不需要上多少当才能学一点乖。

第二春的人生，经验丰富，阅历广博，做什么事都能事半功倍。如果是教书的，可能不必准备教材，信口说来都是活课本。对于人情，不像年轻时候乳臭未干，生涩无比，与人的言谈，往往都是开罪于人。五六十岁的人生，从自己的往昔经验阅历里，谈吐彬彬有礼，给人欢喜，给人信任，这不正是展现另一个人生的春天吗？

五六十岁的人生，有能力帮助社会做义工，有时间指导各处的社团活动。知识丰富，都能开导后辈；仪态行为，都能做别人的榜样。这正是春暖花开，是镁光灯聚焦的所在，人生为什么不珍惜这个第二春呢？

国际佛光会的会员，若是在三十岁第一个人生的春天就加入佛光会当会员，经过了二三十年后考取檀讲师，五六十岁的年龄在佛光会里，可以在全世界弘法利生。即使不能做到檀讲师，也可以做佛光会的义工，在各个道场里担任各种活动的讲师，主持读书会，传授佛法，必然也会欢喜快乐，也会美化生活，充实人生，这不就是人生的第二春吗？

人生的第二春，在思想上不能意志消沉，心境上不能衰老；自己要像常精进菩萨，胸怀悲天悯人的情怀，带着精进不懈的脚步，双手播撒春光明媚的种子，赞美春风欣欣向荣的万物，这是人人可得，人人具有，何乐而不为呢？让我们大家一起来把握人生的第二春吧！

计划与变化

  现代的社会，做任何事情都要讲究计划。建设一项工程，先要提出计划。成立一个公司，也要提出计划。有计划，凡事豫则立；没有计划，临时起意，打烂仗，临渴掘井，总不合时宜了。

  然而，现代的社会，计划虽多，但是人心思想，各有不同，就是有计划，也不时地在变化。有时经过大家商量，意见一致，已经达成共识；可是一个方案，到了主管那里，只要一句话，所有的方案不但变化，甚至都不成为计划了。

  过去的战争，好多的攻坚计划、破敌计划、反攻计划，种种的作战计划，只要被不善于领导的将领一搅和，到最后所有的计划都只成为一句空话。

  国防计划、经济计划、创业计划、交通计划、农业计划、出版计划，一个不善于领导的主管，他可以随意推翻你的整个计划。有计划当然会有变化，但是也要有睿智的人，由他把计划做通盘的检讨，前思后想，做好周全的计划，千万不能用太主观的私心、思想来面对计划，让所有的计划最后都变成了伤害的文化。

家庭计划、社会计划之外，现在还有我们本身的生涯计划，有哪些人能完成的？五年计划、十年计划，事与愿违，一切计划常常如同梦话。虽然计划会变化，但是计划必定是今后社会进步的动力。有计划会减少人力，会节制资本，免得资源浪费。一个机关、公司、团体，进步衰退，一样要看他的计划好不好。有计划总比没有计划好，有计划即使是有了变化，可能也会比不变好。

佛说世间本来就是无常变化，但是无常变化可能会变坏，也有可能会变好。我们不能怕变化，只要是有好的变化，更进一步的变化，变化愈多，更能与时俱进，这不是很好吗？

一半一半

在《往事百语》里有所谓"一半一半"的哲学。

宇宙间，白天一半，夜晚一半；太阳和月亮也都各占有一半的时间；春夏秋冬也是把无尽的时间分成四分之一、二分之一，各得其所。

世界也是"一半一半"，东半球一半，西半球一半；海洋一半，陆地一半；高山一半，平地一半；植物、动物也都各占有一半的地盘。社会也是"一半一半"的社会，光明善美只拥有了一半的社会，黑暗丑陋也占去一半的社会；男人一半，女人也是一半；善的一半，恶的也是一半；是的一半，非的也是一半；即使是佛也只能拥有一半的世界，另一半为魔所有。

自古以来，人要想圆满这个世界，要想统一这个世界，在"一半一半"的理论里，何其难哉！

同样的父母，生下来的儿女也会有好的一半，坏的一半；同样的种子，撒在田地里，开花结果的一半，扁瘪枯死的也有一半。

过去说：话说天下大事，分久必合，合久必分；因为在时间的长河里，分合必然也是一半一半。各种主义，有所谓自由民主主义，也有极权统治的主义，都是"一半一半"。

这个一半要想统治另外的一个一半，这不是不可能，但是就如丈夫要想统治太太，太太也想要统治丈夫。虽是夫妻，要想绝对的统治对方，这也不是易事。有权力的人统治一般平民，一般平民推倒统治阶级的人，你可以压迫我，我也可以推翻你，因为我们本来就是"一半一半。"

"水能载舟也能覆舟"；水能把火熄灭，火也能把水蒸发，彼此彼此，互不相让，因为都是"一半一半"的原理。所以，聪明的人鄙视愚笨的人，愚笨的人吃定聪明的人，各有所长，各有所短。

人间能够把"一半一半"的关系摆平，给予正常化，这个世界还能共存；假如一定我要打倒你，你要打倒我，那就纷争扰攘，各有所损。我们最好是用好的一半、善的一半，去影响坏的一半、恶的一半。影响多少，不要寄予太大希望，任何人只要能接受好的一半，在坏的一半里自然减少。接受好的，包容坏的，才能拥有全面的人生。

过程与结果

　　凡做一件事，都有一定的过程，也有一定的结果。有时过程是好的，结果是坏的；有时过程是坏的，结果是好的。例如生儿育女，儿女成群，读书求学，都是好的；但是最后却走入歧途，不是背叛国家，作奸犯科，就是沦为江洋大盗，多少的过程苦心，最后落得一个不好的结果。

　　但也有的夫妻无儿无女，他捡来一个路边的弃儿，肮脏懒惰，蛮横无理，但是经过爱心的教育过程，小孩一变而成乖巧伶俐，不但孝顺养父养母，而且服务邻里，勤于工作，持家立业，有了一个美好的结果。

　　有的妇女，最初怎么样也不肯嫁给那个男的，但是结婚以后，男有情女有爱，前面的过程是不好，后面却有了很好的结果。当然，也有多少的青年男女情投意合，海誓山盟，但是结婚不久，又再离异分飞，甚至惹下多少恩怨情仇，这就是好的过程，未必有好的结果。

有的过程不好，结果是好的，例如秦始皇筑长城、隋炀帝开运河，过程是拉夫劳民，民穷财尽，但结果是提高国防，贯通南北，带动地方繁华，千百年来后代子孙更是蒙受其利。

世间凡一切事，都没有绝对的好坏，任何事情都是有人吃亏，也有人讨便宜，例如建一栋大楼，工程人员经过千辛万苦，建好以后，住者居家安详，就是好的结果。

做事要想有好的结果，在过程中就必须详加注意，按部就班，使其有好的过程，也有好的结果。有时已经投资成本，牺牲奉献，在过程上已经尽心尽力，但是没有持之以恒，半途而废，导致功亏一篑，因此能够按照计划，有始有终，才能有一个好的结果。

现代人做事，都有科学的标准，例如经商，一定要做市场调查、资本评估、未来推广、人工原料，把过程都设想周全，甚至投资者是否志同道合，是否道德俱全。如果慎于过程，则必有良好的结果。过程不可存侥幸的心理，应该多方思考，多方研究。所谓有好的开始，就是成功的一半，所以有周全的过程，必定有成功的结果。

江湍暮潮初落风
林霜叶浑拂秋
紫门闲窗埃人山
色依微
□掌□云林峯
癸亥七月廿二日识

一件事情的成就，
切实的行动占十分之八，
故「想」不能把事情做好，
脚踏实地去「行」，
才能将事情圆满完成。

过去种种譬如昨日死，今日种种譬如今日生。

人的一生要不断地更新，尤其在身心的调整上，

要懂得规划，为自己许下愿心。

为自己订下一日的计划、一月的计划、

一年的计划、一生的计划，才不会空过一生。

人脉关系

有一些人，我们赞美他非常能干，因为他交游广阔；交游广阔的人，表示他的人脉关系四通八达，各行各业都有朋友，都有因缘关系，所以这种人办起事来，就能得到各方的援助。

你的人脉关系如何？你是如何建立自己的人脉关系？

有的人，他的人脉关系是经过自我吹嘘、自我宣传而来，这不能算是具有深厚的因缘；有的人从攀缘谄媚、自往脸上贴金而来，这也只能说是虚荣一番罢了。有的人牵亲带故，一表三千里，拉扯关系，这也不是真正的人脉关系；有的人只是在会议桌上，在公共场合里，或者在茶会、餐会中有了一面之缘，彼此并无深交，这也不能算是人脉关系！

所谓人脉关系，要积聚许多因缘，平时你有慈悲道德，给过别人许多因缘，让人家亲近你、佩服你，彼此有了深厚的交往，这才能说是人脉关系良好。

现在的社会，人脉关系并不是靠吃喝玩乐，也不能靠利益往来，更不能靠关说请托，否则一不小心就会牵扯到法律上的问题。人脉关系最好是从恭敬中建立，从谦虚中建立，从知识交流中建立，从"君子之交淡如水"的感情来往中建立。

现在的裙带关系，应该不再能派得上用场了；现在用金钱去打通关节，也不是正当的管道。在法治的社会里，即使你有人脉关系，但是不合乎法治，一切都是空论。

现在政府机关里，行政人员必然会有许多的人事来往；在教育界，你也要有许多的校长、主任跟你叙旧。整个社会，彼此的关系有的是同事，有的是同乡，有的是同党，有的是同教，有的是同派。总之，一表三千里，会做人的人，一同八千里，如白居易的"一夜乡心五处同"，岳飞的"八千里路云和月"，都是此中功用也。

今天的时代，已不完全是靠人脉关系就可以立足，更重要的是，要靠自己的实力；有人脉没有实力，难以开展，即使没有人脉，只要自己有实力，凡事还是能够左右逢源，水到渠成。

清理垃圾

　　佛陀的弟子周利槃陀伽很笨，佛陀就教他念"拂尘扫垢"，从此以后他每天扫地时就不断地念着"拂尘扫垢"。有一天，忽然心中生疑："外面的尘垢要扫，内心的烦恼怎么办呢？"如此一想，心中的灯亮了起来，心里澄明、净化，周利槃陀伽也就因此开悟了。

　　现在的社会，家庭中的垃圾有清洁工来打扫；街道上的垃圾有清道夫来清理。可惜每个人心中的垃圾，有没有像周利槃陀伽一样，想一想如何清理呢？

　　其实，垃圾也不只是日常生活中的垃圾，有时我们自己也会成为社会的垃圾，政治人物也会成为政治界的垃圾，企业人士也会成为经济界的垃圾。所以政府一再说不要和黑道挂钩，不要和黑金挂钩，大概就是要清除垃圾吧！

　　社会上，有许多人不但不肯清除垃圾，自己成为垃圾，甚至还制造垃圾，使社会有形无形的垃圾，满坑满谷，满街满家，到处都是垃圾。

一个人，口出秽言，这不是垃圾吗？脑中的邪见，这不是垃圾吗？欺骗、官僚、给人障碍、给人污染，这不都是社会的垃圾吗？

我们每天刷牙漱口，就是清理口腔的垃圾；我们每天盥洗，就是清理身体的垃圾。身体脏了知道要清洗，心里有了垃圾，为何不懂得要清理呢？

所以，基督教徒用祈祷来清理垃圾；佛教徒用诵经、礼拜来清理垃圾。社会上，有心人行善，修桥铺路，主要的也是希望把心中因贪欲而积聚的垃圾减少一些。

说起来，世间最该净化的就是人心。世间很多东西原本不垢不净，但就因为人心的邪恶，人心的贪瞋，把整个社会也染污了。现在社会上的垃圾问题，成为棘手而亟待解决的社会问题；心中的垃圾不清理，不也是今日社会的严重问题吗？

人喜欢隐藏垃圾，例如家中肮脏的东西都尽量堆积在角落里，不让人看到，就像人的毛病、坏习惯，也是尽量藏在心中不给人知道。但是垃圾在角落里堆放日久，它会腐烂发臭，它会破坏环境，惹来左右邻居的厌恶、排斥。所以聪明的人不要把垃圾摆在墙角，也不要把坏习惯藏在心中，不如搬出来用正当的方法给予分解、制造，成为有益的肥料。垃圾虽然可厌、可怕，只要我们用心，不也是可以资源回收，不也是可以废物再利用吗?

空间安排

空，是伟大的真理，世间万万千千的人，生活在"空"里，但自己却不知空的重要。一般人以为"空"是没有，实际上虚空才能容纳万物，没有空间，我们存放在哪里？杯子空了才能装水，房子空了才能住人，五脏六腑有了空间我们才能生存；原来空是拥有的意思、是存在的意思，整个虚空之中因为有"空间"才有绝妙的安排。高山、海洋、丘陵、平地，都把虚空点缀得多彩多姿，奇妙无比。在这虚空当中，你看花在开放、鸟在歌唱；江河的流动、人事的往来，把空间安排成为一个美轮美奂的世界。

在虚空中，好像没有藩篱、界限、阻隔。但飞机在空中有一定的航线，船只在海洋里也有一定的目标。陆地上的车辆，四面八方奔驰，都有一定的路线；都市中的大楼高入云霄、艺术馆里的绘画是宇宙的缩影，画家、建筑师、工程师都把世界安排得非常美妙。相反的，在这宇宙间也有破坏空间的人，例如战争，部队为了一场战争，在整个空间的部署，前线、后方、左侧、右面，四方包掠、八面防备等，害得这空间大地饱受战争的蹂躏、人命屡受战争的摧残；空间呀！你为何给人造成这许多的罪恶呢？

一个都市的中心，从市中心发展出去，有的是长直的道路，有的是圆形的广场，有的是曲直的公园，也有正式的商城……重重叠叠，叠叠重重。宫廷贵族、别墅洋房、小店、摊位，把都市的空间安排得非常实用。世界有世界的空间；都市有都市的空间；乡村有乡村的空间；家庭有家庭的空间。例如家中客厅的布置，其空间的使用，哪里放沙发、哪里挂一幅画、哪里陈设物品。尽管空间大大小小，但是都有微妙的安排。

人体也有空间，一个人的身体上，眼、耳、鼻、舌、身，都要安排得均匀，不能错乱，否则就不像人。

世间的人，一般人为金钱计较，总是计较钱的多少；中等的人为时间计较，时间太长、时间太短；高等的人为空间计较，这边太大、那边太小；上等的人为道德计较，谁的人格道德高尚、谁的人格道德卑劣。

一般的民众经常都要地政人员测量空间，却不知空间是在我们的心中呀！过去有一个人为了建一道围墙，与左邻右舍起了冲突，于是他就写信向在京城做官的父亲投诉，哪知父亲从京城中回了封信写道："万里投书只为墙，让他三尺又何妨？万里长城今犹在，不见当年秦始皇。"

养量

语云："宰相肚里能撑船！"一个人的事业成就大小，就看你的器量如何。你的器量不顾别人，只顾自己，只能养己；假如你的肚量能涵容全家，你就能做一家之长；你的肚量能包容一县，就能做县长，能包容一省，就能做省长，能包容一国，就能做国主。

包容一县、一省的人，做不到县长、省长，甚为可惜；能有肚量爱国爱民的人，也没有适才适用，更为全民国家可惜。

历史上，成功的帝王君主，并非他有三头六臂、功力高人，而是他的肚量比人大也！肚量小的人不能容人，人又怎么会容你呢？所以布袋和尚为人歌颂"大肚能容，容却人间多少事；笑口常开，笑尽天下古今愁。"

自古的学者都讲究养能、养学、养气、养德、养心、养量，做人处事重要的是先要养量。

宋朝宰相富弼，处理事务时，无论大事小事，都要反复思考，因为太过小心谨慎，因此就有人批评他、攻击他。

幕僚人员对富弼说："有人在批评你！"

富弼一点也不在意，说："一定是在批评别人。"

幕僚说："报告宰相，他不是在批评别人，他是指名道姓地在批评你呀！"

富弼淡然回答道："天下同名同姓者也很多。"

就是这样的器量，他能不做宰相吗？

人有一分器量，便有一分气质；人有一分气质，便多一分人缘；人有一分人缘，必多一分事业。虽说器量是天生的，但也可以在后天学习、培养。我们阅读历史，多少的名人圣贤，有时不赞其功业，而赞其器量。所以器量对人生的功名事业，至关重要！

如何"养量"？

一、平时凡是小事，不要太和人计较，要经常原谅别人的过失，但是大事也不要糊涂，要有是非观念。

二、不为不如意事所累；不如意事来临时，能泰然处之，不为所累，器量自可养大。

三、受人讥讽恶骂，要自我检讨，不要反击对方，器量自然日夜增长。

四、学习吃亏，便宜先给别人，久而久之，从吃亏中就会增加自己的器量。

五、见人一善，要忘其百非。只看见别人缺点而不见别人的优点，无法养成器量。

经云：心包太虚，量周沙界。你能把虚空宇宙都包容在心中，那么你的心量自然就能如同虚空一样的广大。有一打油诗云："占便宜处失便宜，吃得亏时天自知，但把此心存正直，不愁一世被人欺。"

有量的人，必定是不会吃亏的啊！

送礼

送礼，里面有非常大的学问。

礼尚往来，这是朋友之间良好的互动。送礼重在心真意诚，所谓"千里送鹅毛，礼轻情义重"。但是有的人不依此良好的游戏规则，你送的礼太贵重，例如送洋房、汽车，让接受者不自在、不安心，甚至不敢接受，最后伤了朋友的感情。也有的人送的礼不合适，例如一个小客厅，你送他一套大沙发；我生了一个小女儿，你送我一套西装，这种不得当的送礼，都叫人不知如何是好。

过去一般人到医院探病，习惯送花，但花朵会有花粉症；有人送食品，但现在民生物资丰富，送食品往往造成受者的困扰。更有甚者，现在的一些青少年有送枪支、吗啡等非法物品者，都是不当的礼物。

此外，不当的送礼，诸如：送女儿，造成童养媳的悲剧；送盆栽，造成照顾上的负担；送衣服，不适穿造成浪费；乡下人送鸡鸭猪羊，都市人不知如何安置。

现在有的父母送手机给儿女，儿女成天没事利用手机找朋友聊天，以致荒废学业；现在有的政要利用权势，提供公职机会给人，对方则以金钱回报，形成贪污，败坏风纪。

现在的商界，为了促销商品，推出买一送一；许多人贪小便宜，结果买到劣级品，所谓"偷鸡不着蚀把米"，真是因小失大，得不偿失。

送礼是表示友谊，是表示关心，是表示尊敬，是表示感激。但是，送礼重在欢喜，送礼重在适当。例如现在西方国家的生日卡片，婚礼的祝福贺函，或是送一本书、一个纪念品，一张礼券等，都是得体的礼物。

有的人送礼，因为想要贪图别人的回馈，形成贿赂，结果难以逆料。送礼要送给人家好意，送给人家关怀，送给人家好话，送给人家鼓励；要送人技术，送人佛法，送人智慧。就如《普门品》中，无尽意菩萨要送观世音菩萨智慧。他以为观世音菩萨有了慈悲，想要供养智慧；但是观世音菩萨悲智具足，所以他把无尽意菩萨的好意转送给佛陀，让无尽的真理分享大众。

所以，传播某人的好话就是送礼，赞誉别人的美德就是送礼；我们给人一点助缘，就是送礼，给人意见也是送礼。因此，送礼不一定是物质的，有时是精神上的，有时是佛法的，有时是义理的，尤其心香一瓣，更是无上的好礼。送礼，今后实在应该重新估定它的价值。

生命学

生命是一门艰深难懂的学问，尽管人类的知识愈来愈丰富，但是生命的奥妙知多少？生命究竟有多大？生命究竟能活多久？生命究竟是什么颜色？生命的本质是什么？很难有人能透彻地认识清楚。

其实，从佛教的缘起法来看，生命是延续性的，生命是有传承的，生命是有程序的，生命也是会变化的。例如六道轮回就是变化；又如低等的动植物慢慢发展成高等的动植物，甚至高等的动植物也会慢慢退化为低等的动植物，这就是变化。

在佛教里，常常会问："生从何来？死往何去？"或问"先有鸡，还是先有蛋？"尤其现在科学发达，更衍生出许多新的问题，例如：

1.生命可以复制吗？

2.冷冻尸体，几十年后解冻，能复活吗？

3.解剖小动物从事医学研究，可以吗？

4.使用农药杀蟑灭鼠,可以吗?

5.得了绝症,可以自己结束生命吗?这也是自杀吗?

6.家属可以决定让病人安乐死吗?

7.圣者与江洋大盗的基因有何不同?

8.蚯蚓断成两截,头尾都在动,生命究竟在哪一边?

9.人往生后去哪里?会怎么样?

10.涅槃的生命是什么?

说到生命,其实现在的生命学家也不要光只是研究人类的生命,例如地质学家研究地壳变化,天文学家研究宇宙星辰,气象学家研究大气层,生物学家研究动植物,微生物学家研究细胞分裂,考古学家研究古今渊源,历史学家研究人文发展等。

生命尽管深奥难懂,分析起来不外乎"生"与"死"两个课题。佛教非常正视生死问题,佛教其实就是一门生死学,例如观世音菩萨"救苦救难",就是解决生的问题;阿弥陀佛"接引往生",就是解决死的问题。学佛的最终目的就是要了生脱死,因此如何把握今生,不再受生死轮回,这也正是研究"生命学"的人所应该正视的主要课题。

举重若轻

一个人，如果他的力量只能挑六十公斤，你给他挑八十公斤，他就会感到很吃力；有的人，雄心万丈、叱咤风云、呼风唤雨，你给他重任，他举重若轻，不觉负担。

有的人，一个丈夫养不起一个妻子，觉得家庭负担太重；但也有的人为国为民，举国上下，全民都受到他的庇荫，他却举重若轻。有的人有智慧可以解决问题，他就举重若轻；有的人以身示范，他也感到凡事举重若轻。

所谓举重若轻，就是有的人在社会上有了声望，声望帮他做事，当然举重若轻；有的人有了信誉，信誉帮他做事，当然举重若轻；有的人有了人缘，人缘帮他做事，当然举重若轻；有的人熟能生巧，他也能举重若轻；有的人根基厚实，所以做起事来举重若轻。

有的人经过磨炼，所谓"天将降大任于斯人也，必先苦其心志，劳其筋骨，饿其体肤，空乏其身，行弗乱其所为，所以动心忍性，增益其所不能。"当然能举重若轻。有的人怕人家沾光，怕人家分享，点滴不肯与人分享，没有外力、助缘，虽轻犹重。

唐尧虞舜，三皇五帝，他们公天下，为民无私，所以治国教民举重若轻；周公旦帮助武王富国强邦，他也是没有权利私欲，所以能举重若轻。历代的圣君能相，只要有"公天下"之心，所谓"民之所欲，常在我心"，自然能举重若轻。

二次大战时，欧洲统帅艾森豪威尔统领数百万大军，关系到世界的安定，人问其忙得过来否？他说：我不忙，我只是领导海、陆、空三个人而已。能够分层负责，所以举重若轻。

晋朝谢安，在与人弈棋时，收到侄儿谢玄从阵前传来的捷报，他一点也不露声色，继续下棋。他能安然处事，举重若轻，所以能指挥大军，赢得淝水之战的大胜利。如果他慌乱无章，就无法取得胜利。

举重若轻，在于平时的涵养实力，有能力，自然举重若轻。

眼不见为净

汉武帝有一天与宠臣寿王和东方朔谈及有关什么东西最干净的问题。汉武帝问："世上以何为净？"

寿王道："世间的万事万物，均以水而得洁净。东西脏了，经过水洗就得洁净；身体污秽了，用水冲洗也能尘垢尽除。"

东方朔听后不以为然，反问道："假如有人把尿液渗入酒里，请问如何以水为净呢？"

汉武帝听后深觉有理，再问东方朔："依你之见，以何为净呢？"

东方朔答道："臣以为'眼不见为净'。"

汉武帝再问："眼不见为净，那世上又以何物最为污浊呢？"

东方朔回答说："那只在于见与不见的分别吧了！"

佛教不认为婆娑世界有清净的东西，佛教认为这个世界"劫浊"、"见浊"、"烦恼浊"、"众生浊"、"命浊"，可以说无有不浊。

所谓劫浊，时间无常；见浊，思想执着；烦恼浊，贪瞋愚痴嫉妒；众生浊，五趣杂居；命浊，生命由父母不净而来。

世间如果要找出真正的清净，唯心耳！但是心也有净与不净，如《维摩经》说："随其心净则国土净"。所谓"净"，完全是业力上的分别，狗子以大便为美食，秃鹰以臭肉为佳肴，众生相互残杀，五脏六腑，甚至羽毛骨头尽皆吃入肚中，我们看之，是净是不净？

吃饭的碗盘要用高温杀菌，医疗仪器也要经过各种蒸汽消毒；但是碗与蒸笼本身，即使没有微生菌的寄附，它的本质难道不也是从染污中来的吗？

语云："耳不听，心不烦；眼不见，嘴不馋。"没有看到厨师做菜，当然佳肴便美；没有看到师傅手搓面团，当然面包好吃；XO或白兰地都是用脚践踏米麦以助发酵制成。千娇百媚的女郎，不也都是带肉的骷髅；英俊潇洒的侠士，也不过是臭皮囊尔！

眼耳本来就是不净之物；以不净之物闻声视物，何能变为清净呢？所以世间的清净，唯有用善心、美心、真心、慈心去分别，万事万物才得随吾心所转、所变，而得清净耳。即使腐尸臭肉难闻，我以慈眼观之，我以悲心愍之，则死尸亦净也。你穷凶恶极之声，你刀兵残杀之声，我用好意听之，我以善心怜之，则刀枪残杀又有何不善乎。

所以我们在世间，周遭是一个五浊恶世，要我们用净心去化导，才得清净。闻谤言，则觉为我消业；见垢秽，则想美食也。唯识家所谓八识转智，我们以自己的真心、善心、美心、净心来转化世间，这世间又有何不净呢？

高效益

现代人无论做什么事，都讲究"高效益"；高效益就是在时间上别人要花一年时间才能完成的事，我只要三个月就能看到成效；别人要花一百万元才能见到效果的事情，我只要十万元就有了效益。

现代的社会，例如政治上的一个政策要昭告全民，就要考虑到这个昭告政策的效益；工商里的一些生产计划，我要能花很少的成本，得到很高的效益。所以现在农夫有种植的效益，经济有成长的效益，乃至教育有教育的效益，布施有布施的效益。语言有语言的效益，微笑有微笑的效益，助人有助人的效益；效益是因果的自然之理，种了什么因，就会结什么果，这是必然的效益。你的智慧有智慧的效益，慈悲有慈悲的效益，没有效益，没有成果，谁愿意去从事呢？所以讲究效益终不会吃亏。

现在的建设，可以用设备来代替人力，这就是讲究效益；

现在用电机代替人工，这就是增加效益。农业生产使用机械、肥料，就是提高效益；工业建设减轻预算成本，就是提高效益。

美国因其领土幅员辽阔，为了集中载客，航空公司利用飞机把各城镇的旅客集中到达拉斯，由达拉斯再把旅客载送到世界各国，免得飞机要飞遍美国各城镇，这就是提高他的效益。

荷兰的郁金香闻名世界，不但国内有花圃供游客观赏收费，同时利用飞机运往世界各地销售，如此一来，就可以赚取双倍的价钱，也可以替国家争取外汇，这就是提升他的效益。

一粒种子能生产百千的果实，一个标志能引动无限的商机，所以俗话说，吃用不会令人贫穷，只有不懂得提高效益的人，才会贫穷。

一位哲学家分别给了两个学生一笔钱，看谁能花最少的钱，买回最多的东西把整间房屋充满。

甲以一半的钱买回了一屋子的干草，自感得意；乙只花三分之一的钱买了一支蜡烛，黑暗的屋子立刻变得明亮起来，这个学生对哲学家说："先生，我已经把大厅充满了。"

有智慧的人做事，往往能获得高效益，所以智慧就是财富，由此可以明证。

生命的春天

世间最可贵的就是生命，最残忍的就是杀生。

生命依其过去善恶业因所感得的果报正体，有天上飞的，有水中游的，有陆上爬的，有山中走的；也有的生命是两栖，或是多栖，乃至无足、两足、多足等类别。

在各种生命当中，有的生命是独立的，有的生命是共生的，也有的生命是寄生的。甚至有的生命是有形的，有的生命是无形的，例如灵界的众生，鬼魂神仙是无形的；有的生命是会动的，有的生命是不动的，例如桌椅、花草树木是不动的。

所谓生命，都是在时间之流，甚至在空间之流、在情爱之流中。世间，有的生命为了维持自己的生存，不惜侵犯他人的生命来供己所需，例如大鱼吃小鱼；有的生命则以一己之力量，换取万千大众的富乐，例如古今中外的贤臣良将，乃至一些服务人群的宗教师等。

　　但是同样是人，也有的人凭一己之权势，牺牲众人的生命来满足他的欲望；有的人则是牺牲自己万千的荣华富贵，只为维护世界的和平，跟万千的生命共同存在。有的人用自己的生命完成自己的事业，所谓"立德、立功、立言"；有的人用自己的生命，维护国家大众的生存，让国家兴隆、人民富乐。

　　好人的生命，都会受到大家的祝福，希望他长命百岁；坏人的生命则是人人诅咒：怎么还不死！生命，总要展现出多彩多姿，要有意义、有价值。生命的价值，是以一己之生命，带动无限生命的奋起、活跃。

　　英国的柏克说："生命在闪光中现出灿烂，在平凡中现出真实。"宇宙之中，青山绿水、花开花谢，都有生命。有的人用美的艺术、用音乐的声音、用建筑的力学，甚至科学家用他的发明来展现生命。

　　生命的价值就是爱，生命的意义就是惜，例如一件衣服，一张桌子、一台冷气机、一辆汽车，你好好地爱惜它，不随便破坏，让它多使用几年，就是延续它的生命。

　　大自然里到处都有生命，所谓"三界唯心，万法唯识"，例如时辰钟表，我用心、用智慧去制造它；如果没有我的心智，如何能成？所以时钟里有我的生命存在。一栋房屋，因为我的设计、监工才能成就，房屋中就有我的生命存在。甚至你认为花草树木没有生命吗？你对花草树木歌唱、赞美，花草树木就会开得更鲜艳；如果你责骂它，它就会黯然失色。所以《佛光菜根谭》说："春天不是季节，而是内心；生命不是躯体，而是心性。"当你把生命融入到大化之流中，宇宙大化都会跟着你起舞、跳动，则何时不是生命的春天呢？

噪音

这是一个有动作、有声音、有色彩的社会；凡是有声音的人，都能得到多利。

开会要发言，需要有声音；跟人来往表达意见，要有声音。读书，书声朗朗，容易记忆；在群众之中高歌一曲，自能获得人缘；即使面对山谷，也要发出声音才有响应。

佛法以音声做佛事，所谓"此方真教体，清净在音闻"。因为有"如是我闻"，才有三藏十二部的佛法留传后世，所以《普门品》说："妙音观世音，梵音海潮音，胜彼世间音。"这个世界需要有声音，尤其是欢喜的声音，智慧的声音，利人的声音，赞美的声音。

但是，好的声音固然很好，有时候开会时，别人在发言，自己在私下窃窃私语；讲演的时候，台上在卖力地讲，下面也在喋喋不休。当别人在讲话时，你用噪音掺杂其中；在一个静静的场合，你加入噪音破坏它，正如火车鸣叫，又似猪狗吠叫，惹人讨厌。

现代的科技发达，人手一支大哥大，走到哪里，手机的声音常常成为干扰会场的噪音。此外，汽车的喇叭声，儿童的啼哭声等等。甚至现在的社会，大家缺乏道德勇气，缺乏维护公理正义的勇气，任一些不道德、不正派的邪恶之声充塞社会。

"轻声是文明的象征"，从人民讲话的声音大小，可以看出一个国家的文明。一个已开发的国家，人民的往来讲话都是轻声慢语；一个文明未开发的暴发户国家，虽然国民所得不低，但是对声音不节制，从音量就可以听出这个国家的人民水平如何！

一个社区，如果左右邻里噪音太多、太大，有办法的人都会纷纷搬离；无论男女，到了大庭广众，狂笑大声、失态无仪，自然不得人欢喜。声音代表教养，有教养的人对声音的高低、快慢、大小、内容都能控制得宜；一个机关中，办公室如果非常宁静安详，工作效率一定能提高，如果像菜市场一样，工作的成效一定不彰。

世间最好听的声音是赞美，世间最难听的声音是噪音，世间最耐听的声音则是无声。菜市场的水准都是比大声，高尚的地方则是比无声。交响乐、摇滚乐、爵士乐等热门音乐，只限于阶段性的年青人热衷，如果老成持重，学养丰富的人，大都喜爱古典音乐。

言为心声，心中所想，从语言中可以听得出心声，从声音中可以看得出一个人的品格。你希望别人觉得你是一个有内涵、有教养的人吗？那就从轻声慢语开始，千万不要让自己成为一部制造噪音的机器喔！

世界公民

　　每一个人都有国家，理所当然成为这个国家的国民。现在也有的人离开祖国，失去本国的国籍，但是到了另一个国家又不被承认，到最后成为无国籍的人。无国籍的人很痛苦，不但凡事都得不到保障，甚至连旅行都被限制。

　　现在也有一些人从这个国家到另一个国家，拥有双重国籍，甚至多重国籍。当然，也有的人忠于自己的国家，在外国服务多年，始终不入别的国籍，不愿成为外国公民，一心忠于自己的国家，终身不做二国公民。

　　其实，天下一家，民族之间不该狭义地分成你和我，人与人要交通，国与国之间要交流，所以这个世界如果有人愿意做"世界公民"，也未尝不好。

　　世界公民的产生，首先要发给他世界的护照，让他可以在世界上到处为家，去来自由，如同佛国世界的人民互相来往。现在有人要到月球去买土地，想当月球的公民。在此之前，不妨在地球上发行世界公民护照。

　　世界公民护照如何发行呢? 可以比照人口, 比照人民的意愿, 先发动世界上一千万人当世界公民。当了"世界公民"的人民, 不可以分地域、种族, 不能有你我的狭隘观念, 要有弘愿为世界的福祉与和平而贡献。

　　世界公民每年要自我成长、表现, 每经过五年、十年后考试一次, 如果没有为全民福祉而努力的人, 就取消他的资格。反之, 真正实践公民理念的人, 继续再去影响别人, 如此由一千万、一亿、十亿······, 直至全世界的人民都成为世界公民, 那就是一个大同世界的呈现了。

　　成为世界公民的人, 可以优先到处访问, 不管走到哪里, 在交通、食宿方面都能得到很好地照顾, 充分享有各种优厚待遇; 但是相对的, 他对世界的苦难也要有多一份的关心。因为世界其实本是一家, 大家都是兄弟姊妹, 所以现在在中国台湾地区, 学校与学校、医院与医院合并, 银行与银行、航空公司与航空空司联营等。甚至国家与国家之间, 经济上有WTO(世界贸易组织), 政治上有联合国, 有联邦、邦联等体制, 运动方面也有奥运联盟, 乃至有红十字会的世界救援组织等。

　　所以, 不管从哪个层面来看, 其实大家都有共同的希望与愿景, 何不让我们从地区、国家、扩而大之到世界一家, 成为"世界公民"呢? 希望具有世界威望的政治领袖们都能出来呼吁, 让我们都能荣幸地成为"世界公民"吧!

找到了

当你遗失了东西，忽然在某处发现了，大叫一声"找到了"，其欢喜真是难以言传；失散多年的儿童，忽然在芸芸众生中"找到了"，更是欢喜无量。

其实，我们一生中所遗失的东西真是何其多，又何尝全部都能找到？例如遗失了的真心，哪里容易就能找到？我们遗失了黄金美钞，一定焦急万分，但我们遗失了比黄金美钞更重要的真心本性，一直找寻不到，为什么不着急呢？

我们忘失了的信心，我们有找到吗？我们被人践踏抛弃的尊严，我们有找到吗？我们隐藏在内心的慈悲有找到吗？因为曾经失落了的东西不容易寻找，就好像在各大报章杂志上看到"寻人启事"、"失物招领"，找不到自己重要的随身宝，怎不叫人着急呀！

晋文公失去了恩人介之推，他不惜烧山，希望能找到恩人；刘玄德三顾隆中，也希望找到一个贤能的人才辅佐为用。有的人为了找寻一份名单，一件族谱，花财费时；有的人为了找一块吉地建房子，为了建一栋适合心意的房子，不惜花费巨资，多方寻找。

采药的人，翻山越岭，为了找寻救人救世的一株药草；采宝的人，不惜用尽家财，为了发掘藏宝的地方。大家费尽各种力气，都希望能在人间拥有"我找到了"的那一份欢喜。

在图书馆里查寻资料，一旦找到了，欢喜无量；在机关里查寻多年前的档案，能一下子就找到了，无比兴奋。我找到了钥匙，我就可以回家；我找到了碗筷，我便可以吃饭。

迷路了，要向人问路才能找到方向；生病了，要问医生才能得到医疗。迷惘的时候，要问道，才能找到道理；苦闷的时候，找到了嘉言，才不会苦恼。在佛门里，为了找到真心，有的用礼拜，希望有一天能认识自己的本来面目；有的用禅坐，反观自性，希望有一天能得到一点消息。有的花数十年的岁月，在佛经里探讨；有的人花一生的时间，在佛号里寻找。有的人踏破铁鞋无觅处，有的人得来全不费工夫。有的人在生死之间找到了自己的本性；有的人从人我是非烦恼中找到了真如。

你看，杨柳绿了，桃花红了，蝴蝶翩翩起舞，百鸟鸣叫；如果是一个禅者，可能当下就找到了。希望人人都是禅者，都能找到自己的宝藏。

莫存定见

我们要有自己的主张，要有自己的定见，但是主张不能成为执着，定见不能成为愚痴。

我们的定见、主张，都要随时节因缘来论断，不是一意孤行的执着。你认为不会有台风，但台风来了，你还要定见吗？你执意某人当选，但开票以后落选了，你还要执着吗？

诸佛菩萨他们度众生有没有主张，有没有定见？当然有主张，当然有定见。但是诸佛菩萨的主张、定见，是从观因缘、观三世、观十方、观众生的种种性、种种心，然后才说出他的主张，说出他的定见，你能吗？

所以，我们对世间的一切事、一切人，可以用世间的常理来认定，但有时常理也并不究竟，还需要从多方面去探究，才能得到一个真理。

科学家发明创造一个产品，他也要一次试验、二次试验，甚至几十次的试验；一切企业家要制订一个方案，也要一次会议、二次会议，经过多次会议才能确定方案。政治家对于施政、财经等问题，虽有目标，虽有方案，但也要不断地探讨，不断地修改，而后才能施行。

地方上发起兴建一座桥梁，有人提议向一位大富人家劝募。当中有个村民说：那一个富翁为人悭吝不舍，过去多少次请他乐捐行善，他都不肯，实在是一个为富不仁的小人。另一人说：人总会改变的，过去要他铺路、凿井，或者他没有兴趣，现在造桥，意义不一样，也许他肯共襄盛举，我们不妨试试。大家听后仍然不表乐观，这人只有自告奋勇地说：我去试一试就知道了。当富翁听完造桥对地方的重要后，欣然同意，答应独力负起所有的费用。

所以，我们不应把一个人看成定型，好的不一定真好，坏的也不一定真坏，在无限时空中，因缘都会变化的。我们有主张、有定见还可，但千万不能有成见。听得见多方声音的君主，可以成为明君；听不见他人意见的人，便成为独裁的匹夫。

因此，凡能随时、随地、随人、随理，最后能随顺因缘者，则诸事无有不成也。

床头书

凡是好读书的人，都习惯在床头上摆有"床头书"。从床头书就可以知道一个人的性格与兴趣。他喜欢什么，他的床头书一定就会有几本他喜欢的作品。

怎么选择床头书呢？床头书不要选大部头的书，太重，捧读起来很吃力；床头书也不要选长篇的，容易失眠。最好是选择古典的，古典书籍看起来很费神，看过就睡着了。你也可以选择语言的，因为不太通达，所以很容易入睡。你也可以选择一些轻松的小品文，纵使没有睡意，看了不费神。最好是选看智慧语录或富含哲理的教言，看过以后在睡梦中加以思维、回忆，可以增长知识，开阔思想。

床头书可以培养看书习惯，借着看书减少杂念，训练思维，改变气质，而且有益健康。从床头书让人联想到，有的人喜欢买书当作装饰品，家中总有几套大部头的书摆在书柜里，表示自己是书香世家，所以现在在台湾《大藏经》一卖几百部、几千部，但是当中能有几十人去看它就已经很不容易了。

有人买书不看书，但也有人不买书，却勤于上图书馆看书，甚至现在的书局大都很人性化地备有椅子，以供买书的人可以坐着慢慢选看，这都有助于鼓励全民养成买书、看书的好习惯。

床头书一般而言，是最贴近心灵的精神读物，所以要慎重选择。现在一些不正当的黄色杂志、八卦新闻等，都不适合当作床头书，因为这种书报杂志会腐蚀人心，对思想、灵魂没有帮助。所以这类的书籍不但不能成为床头书，甚至连厕所都不宜置放。

现在一般人家中大都设有书房，至少也有专门读书、写字的书桌。床头书顾名思义就是摆在卧室里的床头柜，卧房既不是阅读大书、研究学问的地方，也不能当作消遣、休闲之用。床头书只是用来安心养性，可以增加知识，可以复习，加强记忆，但不宜太长、太大，以免影响睡眠。例如现在香海文化公司出版的《祈愿文》，以及本报的《佛光菜根谭》、《迷悟之间》，都可以提供大家当作床头书。

床头书是用来补助睡眠，是休息的，但不能成为习惯。现在一些青少年一看书就往床上一趴，到最后反而分不清是精进还是懒惰。尤其躺在床上看书，造成姿势不良，同时影响视力，因此家中的灯光、寝具也不能不做整体的规划。

　　床头书究竟是有益，还是有害呢？就看你对床头书如何规划、运用了。

加减人生

闽南语有一句话叫作"加加减减"，就是"加减人生"的意思。

人生有时候是一帆风顺，所谓情场得意、商场满意、官场快意、所求如意，这都是"加"的人生；有时候事业上的失意，人情上的恨意，生活上的无意，朋友间的歉意，这都叫"减"的人生。人生本来就像潮水一样，起起落落，有高潮有低潮，这就是"加加减减"的人生。

语云："得意时须防失意，失意后可能就会得意。"所以得失之间、加减之中，都不是定型的。有时候春风得意，有时候要谨防秋风的寒意，但是不管处在什么时候，应该具备忧患意识。

佛法讲"无常"，无常就是不会永得，也不会永失；人生不会都是加的，也不会都是减的。加加减减，得失之间，就看谁的智慧，谁的耐力，谁的决断，谁的巧妙，以争取得多失少、加多减少的人生。

无常不是不好，加减和得失的人生，正是人生的意义。家庭里，有时候弄璋弄瓦、添丁进财；家庭里，也有老病死亡、衰微短缺，这都是人间自然的发展。

"加"固然欢喜，"减"何必太过忧悲烦恼，应该要鼓起勇气，强化毅力，接受失败的教训，何必计较一时的得失？甚至处在"减"的人生时，想到还有明天"加"的日子，还有"加"的未来，人生就不会绝望。

世事可以打败一个无勇气、无耐力的人；但是能有正见的认识、有正思的勇敢，"加"的功成名就，不也是人人可期的吗！

"加"当然可以无限地扩大，"减"最多就是零；从零开始不就是未来无限的希望吗？

一幅高价的艺术画作，对于各种颜色浓淡，它要加加减减；一盆美丽的插花，也要加加减减，才能成为圆满的杰作。头发太长了，要剪短；指甲太长了，也要修剪；树木花草太拥挤，也要给它减少。今日的修剪、减少，就是明日的茂盛。

当秋冬来临的时候，风雪吹落残枝败叶，不必失望，它正在酝酿着明年的成长；台风、地震毁损了多少的房屋，牺牲了多少的人命，这固然不好，但是新的居家，新生的力量，不就是从挫败中再进步的吗？没有破坏，就没有建设；没有减，也就没有加。生活里的喜怒哀乐，都有加加减减，承认加减人生，就是懂得人生真正的意味。所以加加减减，其实就是人生的真理。

厕所文化

厕所是现代人生活中不可或缺的建筑设备，厕所有很多不同的名称，例如古称"茅房"，闽南语叫作"便所"，现代人又称为"洗手间"、"盥洗室"、"化妆室"，佛教则名之曰"净房"。越是肮脏的地方，越要注重清洁，越要起个好听的名字。

厕所是大小便的地方，大便又叫大号、抽解；小便又叫小号、小解、小净，甚至现代人又把小便说为"唱歌"。

在佛教里非常重视上净房（厕所），在《华严经》里有许多大小便的偈语，如："大小便时，当愿众生，弃贪瞋痴，蠲除罪法。""事讫就水，当愿众生，出世法中，速疾而往。""以水盥掌，当愿众生，得清净手，受持佛法。"

盥洗室在我们日常生活中扮演着极重要的角色，我们每个人一天当中都要向它报到好几回。从早晨起床刷牙、洗脸、大小解，都要在盥洗室里完成；到了晚上就寝，甚至睡觉以后，半夜还要起来报到二三次。此外，外出办事，有时会客之前，先要到化妆室整理一下仪容，才能出场应对，所以化妆室对我们的人生非常的重要。

现代文明国家都非常重视公共场所的化妆室，甚至有一些国家还明文规定，合格的餐馆、饭店等营业场所，厕所里面要有肥皂、卫生纸、擦手纸、镜子等设备。而且不只提供大人使用，还有小孩换尿布的专用区；不只提供健康人使用，还有残障专用室，如果没有残障设施，就不准对外公开营业。

文明国家的人民，上公共厕所也都很讲究教养，不但按先来后到，依序排队，上完厕所后，也都会随手整理干净，给后来者一个舒适的空间。反观一些文化不高的国家，公共厕所大都脏臭、杂乱不堪。

厕所的演进，也可以看出人类文明的进步。从过去乡村的马桶、露天竹篱笆的茅坑，到今日高级的化妆间。甚至现在有些五星级饭店，化妆室内不但有梳妆台、镜子、沐浴乳、面霜、香水、卫生纸、擦手纸，有的还会摆上一套沙发，插上一盆花，墙壁还会挂上几幅画，简直比一般人家的客厅还更豪华。

其至为了提高厕所文化，现在不但上餐馆要钱，上厕所也要付费。尤其欧洲的厕所不但有洗脸盆，大小便后还有洗屁股的设备，听起来虽然不雅，但对人体的健康大有助益，因为越是肮脏的地方，越要清净。人的面孔，眼、耳、鼻、口等七孔固然要干净，凡有排泄物的地方，也都要保持洁净干爽。

过去公共厕所内，经常可见到一些文人雅士在里面题诗一首，甚至不满社会的反抗言论，也会在厕所里面出现，厕所俨然成为大众的论坛园地。今日社会随着经济提升，厕所也不单只是重视四周的宽广；公厕的整齐、清洁，更是社会进步的象征，所以尤其忽视不得。

道气与俗气

有人说：道德可以四两充半斤，学问则是有多少是多少，一点也假装不得。其实，一个人尽管外表可以装得"道貌岸然"，但是内在所散发出来的气质，是道气是俗气，明眼人一看立即就能见分晓。

所谓道气与俗气，什么叫道气？什么叫俗气？

道气就是一个人有修养，有内涵，有风度。遇事不轻易发怒，不轻易有动作，平时心平气和、与人为善、助人为乐、待人如己。不但性情冷静沉稳，不意气用事，不愤怒不平，不瞋恨嫉妒，不怨恨责怪，不贪瞋谄曲，而且时时保持气定神闲，平心静气，平易近人，雍容华贵，威仪庄重。

俗气的人，出言吐语都是是非好坏，说话都是金钱享乐，做人油腔滑调、油头粉面；平时装扮，花红柳绿、招蜂引蝶，贪恋名位，重视享乐，爱好声色，吹牛拍马，屈膝谄媚。

有道气的人，他学习吃亏，他重视忍耐，他宽大胸怀，他重视修持，他长养信心。相对于有道气的人，有的人喜欢占人便宜，常因小事即大发雷霆，不但脾气暴躁，心胸狭窄，患得患失，喜怒无常，而且心性多疑，容易沮丧，这种人给人的感觉，就是俗气十足。

释迦牟尼佛初成道时，有一天在恒河边行走，耶舍长者子一见，就觉得这是一个有道气的圣者。玄奘大师从小生来就有一股与众不同的气质，他不与一般儿童嬉戏；及长，不谈金钱财富，不说人间是非，所以多少大德高僧都认为他很有道气。

现在的修行者，谁有道气，谁无道气，很容易就能分别明了。只是现在社会大众已不太计较道气与俗气，认为两者一概都没有那么重要。

不过，有道气的人还是很自然就会令人心生仰慕。我们看到弘一大师的肖像，那一股飘然的道气，油然从心底生起；我们看到虚云长老的披风手杖，一股欣道之气充满身心。

一个人宁可没有金钱，但不能没有人缘；宁可没有工作，但不能没有信心；宁可没有被人看重，但是不能没有尊严；宁可没有功名利禄，但是不能没有道气风范。

道气与俗气，你是否留意过，你自己身上所散发出来的是道气呢？还是俗气呢？

生命的流转

基督教说："信上帝得永生。"但是佛教认为，信仰佛教并非就没有生死问题，而是要人勘破生死！生死是再自然不过的事，即使是佛陀，也要"有缘佛出世，无缘佛入灭；来为众生来，去为众生去！"

生和死如影随形，生了要死，死了再生；生生死死，死死生生，生死不已。到底"生从何处来，死归何处去？"对于这个问题，一般人并不了解。

根据佛教的"十二因缘"说：有情众生由于累劫的"无明"烦恼，造作各种"行"为，因此产生业"识"。随着阿赖耶识在母体子宫里渐渐孕育成生命体，是为"名色"；名是生命体的精神部分，色则指物质部分。数月之后，生命体的眼、耳、鼻、舌、身、意六根成熟，称为"六入"；胎儿脱离母体后渐渐开始接"触"外境，并对外界的苦乐感"受"产生"爱"与不爱，进而有了执"取"所爱的行动，结果由于身、口、意行为的造作，又种下了后"有"的生命体，有了"生"终将难免"老死"，"死"又是另一期生命的开始。所以佛教说：生命的流转，是无始无终的"生死轮回"。

生死循环，本来就是自然的道理，如宗衍禅师说："人之生灭，如水一滴，沤生沤灭，复归于水。"道楷禅师示寂时更说得好："吾年七十六，世缘今已足，生不爱天堂，死不怕地狱，撒手横身三界外，腾腾任运何拘束？"禅者生死，有先祭而灭，有坐立而亡，有入水唱歌而去，有上山掘地自埋等等，无比洒脱。

众生的生死决定于业力，解脱的圣者则依愿力成就生命。然而掌握生死，还不足为奇，我们真正要超越的是念头的生死。禅宗有一偈说："打得念头死，许汝法身活。"我们的意识刹那生灭变化，如《大乘流转诸有经》说："前识灭时名之为死，后识续起号之为生。"我们每一时刻其实都在面对生死。意识的生死，念念生灭，如同瀑流，唯有"无念"，才能截断生死洪流；若能体证缘起性空，则能"犹如木人看花鸟，何妨万物假围绕"，达到生死一如，不生不死的境地。故而《楞严经》又云："前识灭时无有去处，后识续起无所从来。"

生命不是出生以后才有，也不是死了就算结束。死亡以后就像移民一样，你到了另外的国家，只要你有生存的资本，只要你有功德法财，你换一个国土，又何必害怕不能生活呢？所以死亡并不可怕，死亡之后到哪里去才是最要紧的。

道元禅师说："若生死中有佛，便能无生死。若知生死即涅槃之理，便能无可厌生死，亦能无可愿涅槃，自是超脱生死。"如果我们能够认清这个道理，断惑证真，觉悟生死同于涅槃的道理，自然不会受生死迷惑，而能安住于超越生死的藩篱，如此，纵死又有何惧呢？

沟通的妙法

当前人类面临一个重大的问题，就是要沟通。国与国不沟通，就会发起战争；人与人不沟通，就会产生误会，就会发生冲突，就会勾心斗角，所以要求得人际和谐、世界和平，沟通是不二法门。

沟通的条件，要让对方感受到你的诚意，要让他有被尊重的感觉；如果只是贪图对方，而不能给他好处，给他欢喜，给他利益，沟通起来自然就会困难重重。

春秋战国时代，诸多游侠说客行走在各国之间，他们必定要先从这个国家的利益着想，才能让王侯听了中意。美国国务卿奥尔布莱特是一介女流，在克林顿当上总统以后，因为她善于沟通，因此请她担任国务卿。

一个沟通者，所必须具备的条件，除了要学养丰富，熟知历史，举证确实，言语简洁有力，深具幽默感之外，尤其态度要诚恳，能够先给人一句好话，一个微笑，一个赞美，才能让对方感动，而不是只想说服对方。

今日的科学家发明了许多科学用品，研发了许多医疗药物，但都不及倡导沟通的力量，因为这个世界必须要交流，必须要大家相互了解，相互体谅尊重，才能获致和平。

所以现在世界上不断举行各种会议，例如经济上有经贸会议，外交有外交协议，政治有高峰会议，宗教也有宗教对谈等。一切的沟通，都要本着"世界一家"的思想；唯有抱持"天下为公"思想的人，才肯到谈判桌上大家协商。如果没有民主平等的观念，傲慢、偏激、夜郎自大，哪里能跟人沟通呢？

沟通不能预设立场，沟通要能站在对方的立场着想，沟通要听得见对方的声音；沟通就好像跳探戈，彼此要能互进互退。很多的人际关系剑拔弩张、仇恨敌视，都是由于沟通不良。所以，好斗的民族，极需要沟通学。

家和万事兴，这个家庭必定有良好的沟通；社团真能为民谋福，这个社团必定有良好的沟通；国家政通人和，这个国家必定也是有良好的沟通。沟通之道，要有平等的观念，还要双方能互换立场，相互尊重，相互体谅。总之，要想获致世界和平，不能不重视沟通之道。

战胜心魔

　　魔鬼，人人害怕。但是，魔也不一定都是面露狰狞、丑陋可怕的样子，魔有时候也会展现出美丽可爱的姿态。聊斋里的狐鬼，不是经常都化妆得千娇百媚，哪里一定都是可怕的样子呢？

　　魔，也不一定用很凶恶的手段来对付我们，醇酒美女、烟枪毒品，哪里都是可怕的刀剑呢？魔，也不一定是外在的、邪恶的、仇视我的人物，内心里乌烟瘴气的瞋恨嫉妒，不也是魔吗？

　　我们，不时地给魔左右牵扰，所谓天人交战的时候，不就是外力的魔和内在的魔在声气相通，共同合作来降伏我的成就和尊严吗？所谓魔，就是障碍我们道心、道念、道气的反派东西。不管是美的、是丑的、是可爱的、是可瞋的，只要是障碍我们的，只要是让我们陷身于不拔之地的，都是魔的力量也。

　　金钱的陷阱是魔，爱情的诱惑是魔。佛教把欲列为四魔之一，魔是有盖天盖地的力量，魔会向我们的意志、道心不时地挑战，经常都要看究竟是鹿死谁手，谁胜谁负？

明白地说，魔就是烦恼，我们一定要生而勇敢，因为不管你在哪种地位，哪种年龄，哪种家庭，你长大成人要求成功，就必须和魔力奋斗。魔也不是独自一人，所谓魔子魔孙，凡是诱惑的，凡是阻碍的，凡是障道的，凡是想要破坏我们尊严的，都是魔。

当初佛陀就是经过降魔，才能成道。自古圣贤，若不降伏外魔，怎么能成为圣人君子呢？我们从《聊斋志异》里，看到多少魔鬼化作千娇百媚的美人，戕害了多少有为的白面书生。所以我们生存于世，一定要用善性对恶性，要用佛心对魔力，要用慧眼看魔世，要用精进心扫除烦恼障碍。

世间之上，是好是坏，不是我们肉眼凡夫能够看得清楚，必须要用信仰、圣典、教法，才能洞彻魔的世界；要用定力、慧力、信力，才能降魔。

魔在哪里？魔不在远处，魔就在我们的身边。

学习听话

希腊哲学家苏格拉底非常善于演说，他以教人如何讲话为职。有一天，一位青年前来向他请教演说之道。青年侃侃而谈演说如何重要云云，苏格拉底等他说了半天以后，向他索取两倍的学费，青年问为什么？苏格拉底说："因我除了要教你讲话以外，还要教你如何不讲话！"

会说话难，会听话更难！学习听话，也是人生重要的一课。会听话，就是要把话听懂，把话听全，把话听了有用，尤其要能举一反三，触类旁通，从一句话衍绎出更多的意义，这才是真正的会听话。

一个人，从童年开始就要学会听父母的话，及长要学会听老师的话，再来要能听懂各行各业，各专家、长辈、前贤的话。在佛法里，所谓会听话，就是要谛听、全听、兼听、善听。听话不能断章取义，要能全听，还要兼听，也就是要多方面地听，不能偏听。听话要懂得往好处想，这就是善听；听话要懂得分析，不能囫囵吞枣，这就叫谛听。

听话，也要该听则听，不当听则不听；是非烦恼应该不听，佛法真理应该要听。有人喜欢听好话、听谄言、听是非，其实"非礼勿听，非礼勿言"，有时无声胜有声。

有一个机场的塔台人员问飞行员："请问你的高度、位置？"

飞行员："我身高一八〇公分，现在正坐在驾驶座上。"

答非所问，就是不会听话。

有一天，小张请教小王一个问题，小王解释半天，小张依然似懂非懂，小王终于忍不住对小张说："你七窍已经开了六窍。"小张听了乐不可支，以为小张是在夸奖他，其实他哪里知道，小张是在损他"一窍不通"呢！

会听话的人才能听得懂"弦外之音"，会听话的人才能听得出"意在言外"。

听比看重要！听要耳听八方，尤其要"闻善言要着意"，不要把别人的好话当耳边风。学生上课，要专心聆听才能受教，许多人考试成绩不好，就是因为不会听话。所以，在学习的过程中，先要学习如何听话，这是人生的一大课题。

勇于尝试

　　胡适之先生说："大胆假设，小心求证。"自古成功在尝试，勇于尝试，这是成功的必经之路。

　　科学家在实验室里不断地尝试、尝试，终于发现了声光电波，改变了世界；农夫也在农田果园里不断地尝试，结果稻麦增收了，水果长大了。现在的接种技术，大大提高了农业的收成。例如芒果和苹果接种，可以产生另外一种口味的水果；枣子和芭乐接枝，品种改良后的枣子，硕大无比，可口而味甜。这一切都应该感谢许多勇于尝试的人，他们让科技不断地进步。

　　探险家向高山大海里探险，现在人类对于高山的形态，对于海洋的奥秘，真是无有不晓。美国率先向月球去探索，甚至勇于向火星、木星及大自然去了解。世界就是因为有这许多不怕艰难、不怕牺牲、勇于尝试的人，因此让我们多了知识，多了经验，甚至多了时空。

　　复制羊、复制牛，不就是科学家们勇于尝试，而将基因的奥秘呈现在我们眼前的吗？基因的发现，不是证明了佛教三世业力论的学说吗？照相机因为前人勇于尝试，如今可以照出三百六十度的照片；潜水艇因为专家勇于尝试，现在可以在水中一住就是数个月几百天。现在人类因为勇于尝试，有人造雨，有人造花，有人造器官，有试管婴儿的诞生，以后人类还真有可能发展到"人人都是上帝"，人人都能创造世界。正如佛陀所说：人人都有佛性！人，真是无有不能。

人的潜力无穷，只要肯努力，只要勇于尝试，就有成功的希望。害怕攀登高峰的人，只能在洼地里徘徊；勇于为别人开路的人，总是走在最前面的人。如果一件事没有困难，也就没有机会成长。因此面对困难的事，更要勇于尝试。

勇于尝试，并非盲目地横冲直撞。所谓"宁走十步远，不走一步险。"要成为一个成功者最重要的就是要有"别人能，我也能"的信念；唯有消除"不可能"的局限，一切事才会变得有可能。

一个人一生如果从未跌倒，算不得光彩；每次跌倒以后，都能勇敢地再站起来，才是最大的荣耀。因此面对困难时，首先要去除做不到的心理障碍，再试着想出解决困难的办法。一个人如果不敢勇于尝试，不能承受失败的痛苦，便得不到成功的喜悦。所以凡事要勇于尝试，能够面对事实，困难才会迎刃而解。

附录：
星云大师佛学著作

中文繁体版

《释迦牟尼佛传》

《十大弟子传》

《玉琳国师》

《无声息的歌唱》

《海天游踪》

《佛光菜根谭》

《佛光祈愿文》

《合掌人生》

《星云法语》

《星云说偈》

《星云禅话》

《觉世论丛》

《金刚经讲话》

《六祖坛经讲话》

《八大人觉经十讲》

《观世音菩萨普门品讲话》

《人间佛教论文集》

《人间佛教语录》

《人间佛教序文书信选》

《人间佛教当代问题座谈会》

《当代人心思潮》

《人间佛教戒定慧》

《迷悟之间》（全十二册）

《人间佛教系列》（全十册）

《佛光教科书》（全十二册）

《佛教丛书》（全十册）

《往事百语》（全六册）

《星云日记》（全四十四册）

中文简体版

《迷悟之间》（全十二册）

《释迦牟尼佛传》

《在入世与出世之间——星云大师佛教文集》

《宽心》

《舍得》

《举重若轻·星云大师谈人生》

《风轻云淡·星云大师谈禅净》

《心领神悟·星云大师谈佛学》

《不如归去》

《低调才好》

《一点就好》

《快不得》

《人生的阶梯》

《舍得的艺术》

《宽容的价值》

《苹果上的肖像》

《学历与学力》

《一是多少》

《三八二十三》

《未来的男女》

《爱语的力量》

《修剪生命的荒芜》

《留一只眼睛看自己》

《定不在境》

《禅师的米粒》

《点亮心灯的善缘》

《如何安住身心》

《另类的财富》

《人间佛教书系》(全八册)

《佛陀真言——星云大师谈当代问题》(全三册)

《金刚经讲话》

《六祖坛经讲话》

《星云大师谈幸福》

《星云大师谈智慧》

《星云大师谈读书》

《星云大师谈处世》

《往事百语》(全三册)

《佛学教科书》

《星云法语》

《星云说偈》

《星云禅话》

《包容的智慧》

《佛光菜根谭》